Marianne Rausch

Künstlermarionetten
modellieren und gestalten

W0012443

ENGLISCH
VERLAG

Die Deutsche Bibliothek – CIP-Einheitsaufnahme

Künstlermarionetten modellieren und gestalten / Marianne Rausch. – Wiesbaden: Englisch, 1999
ISBN 3-8241-0896-8

© by Englisch Verlag GmbH, Wiesbaden 1999
ISBN 3-8241-0896-8
Alle Rechte vorbehalten. Nachdruck, auch auszugsweise, verboten.
Fotos: Frank Schuppelius
Herstellung: Michael Feuerer
Printed in Spain

Das Werk und seine Vorlagen sind urheberrechtlich geschützt, jede Verwertung oder gewerbliche Nutzung der Vorlagen und Abbildungen ist verboten und nur mit ausdrücklicher Genehmigung des Verlages gestattet. Dies gilt insbesondere für die Nutzung, Vervielfältigung und Speicherung in elektronischen Systemen und auf CDs. Es ist deshalb nicht erlaubt, Abbildungen und Bildvorlagen dieses Buches zu scannen, in elektronischen Systemen oder auf CDs zu speichern oder innerhalb dieser zu manipulieren.

Die Ratschläge in diesem Buch sind von der Autorin und dem Verlag sorgfältig erwogen und geprüft, dennoch kann eine Garantie nicht übernommen werden. Eine Haftung der Autorin bzw. des Verlages und seiner Beauftragten für Personen-, Sach- und Vermögensschäden ist ausgeschlossen.

Inhaltsverzeichnis

Vorwort

Die Marionette ist nicht nur eine bewegliche, lenkbare Figur, sie ist zunächst auch eine Puppe, die entworfen, gestaltet und gebaut sein will. Für den, der sich das Bauen von Marionetten zum Hobby gewählt hat, ist die Freude und Entspannung beim Puppenbau meist wichtiger als das Spiel. Er wird sich vor allem an der dekorativen Schönheit seiner Marionette erfreuen wollen. Deshalb möchte ich in diesem Buch Künstlermarionetten vorstellen, die durch einen vereinfachten Bau des Körpers und des Kreuzes sowie durch eine einfache Aufhängung der Figur an Fäden für den begeisterten Laien leichter nachzubauen sind. Beim Bau einer Künstlermarionette muss nicht auf die Spielbarkeit geachtet werden und man hat in der Gestaltung größere Möglichkeiten.

Dieses Buch ist nicht nur für Fortgeschrittene, sondern auch für Anfänger gedacht, die noch nie eine Marionette gebaut haben, aber gerne eine solche Künstlermarionette besitzen würden. Ich möchte Sie dazu ermuntern, Eigeninitiative zu ergreifen und sich an den Bau einer Marionette zu wagen. Das Buch soll für Sie ein Leitfaden sein, der solide Grundlagen vermittelt, sodass Sie selbständig arbeiten können, und es soll dazu anregen, eigene Ideen zu entwickeln und in die Tat umzusetzen. Eine selbst gefertigte Künstlermarionette ist ein außergewöhnliches Schmuckstück für Ihre Wohnung und natürlich auch ein ganz persönliches Geschenk von bleibendem Wert.

Ich wünsche Ihnen beim Bau Ihrer Marionette viel Spaß und gutes Gelingen.

Marianne Rausch

Einleitung

Ich möchte Ihnen mit diesem Buch die Anleitung zum Bau einer Marionette geben, die nicht zu kompliziert ist, aber in ihrer dekorativen Wirkung besticht. Als Beispiel habe ich eine Figur ausgesucht, deren Bau einerseits an den Anfänger keine zu hohen Anforderungen stellt, andererseits jedoch Merkmale einer echten Fadenmarionette aufweist.

Eine Marionette mit halbem Körper, d. h. nur mit Kopf, Armen und Rumpf, wird für die meisten Leser dieses Buches ohne besondere Vorkenntnisse einfach nachzubauen sein.

Die Maße beziehen sich auf eine Marionette, wie sie auf der nächsten Seite zu sehen ist.

Auch die angegebene Spielkreuzgröße ist für die Marionette ausreichend. Um die Arbeiten korrekt durchführen zu können, lesen Sie aufmerksam den Text, der weitere wichtige Informationen enthält.

Die Modelle in diesem Buch wurden aus lufttrocknender Modelliermasse geformt. Dies hat den großen Vorteil, dass kein Ofen zum Brennen benötigt wird. Die Masse gibt es in den Farben Weiß, Haut und Terracotta.

Bevor Sie mit der Arbeit beginnen und den Materialeinkauf vornehmen, sollten Sie überlegen, welchen Typ von Marionette Sie fertigen wollen, z. B. eine Märchen- bzw. Phantasiefigur.

Sie können aber auch erst nach dem Modellieren entscheiden, was aus Ihrem Rohling werden soll, und das Material anschließend kaufen.

Lassen Sie sich einfach von Ihrem Ergebnis leiten: Wird die Nase zu groß, grob und gebogen, das Gesicht spitz und faltig, bauen Sie eine Hexe, einen Zauberer oder ein teuflisches Wesen. Sind die Gesichtszüge fein und ebenmäßig, so kann das Modell Grundlage für viele Typen von Marionetten sein.

Anregungen bieten Ihnen die abgebildeten Künstlermarionetten. Als Modellieranfänger sollten Sie ihre Neigungen und Fähigkeiten nicht außer Acht lassen, aber bedenken, „Übung macht den Meister". Lassen Sie sich nicht entmutigen. Gehen Sie mit viel Phantasie und Ausdauer ans Werk.

Zu Ihrer ausgewählten Figur passend und natürlich auch zu der Umgebung, in der die Marionette letztendlich hängen soll, wählen Sie die Farben zum Bemalen sowie das passende Zubehör.

Die benötigten Materialien finden Sie im Hobbyfachhandel und in Stoffgeschäften. Als Accessoires eignen sich fast alle Arten von Modeschmuck, Federn, Bänder, Borten usw. Hier lohnt sich das Suchen nach Schnäppchen in Boutiquen und das Stöbern auf Flohmärkten.

In diesem Buch finden Sie eine Fülle von Anregungen, die Sie selbstverständlich nach Ihrem eigenen Geschmack individuell variieren und verändern können, um so Ihrer Marionette eine eigene Note geben zu können.

Tipp:

Die Marionette sollte – unter Berücksichtigung der angenähten Tücher – in der Gesamtlänge nicht kürzer als 66 cm sein, da sonst die Proportionen nicht stimmen und die Marionette an Wirkung verliert.

Kopf	11 cm lang
Oberkörper	15 cm lang
Arme	27 cm lang
Stofftücher	55–89 cm lang

Die Gesamtlänge der Marionette, ca. 66 cm – 100 cm, richtet sich nach der Länge der Tücher

Zeichnung 1:
Gesamtgröße einer Marionette

Material und Werkzeug

Allgemeines

Die Modelliermasse ist in 500-g- und 1000-g-Blöcken im Hobbyfachhandel erhältlich. Sie ist luftrocknend und im trockenen Zustand sehr leicht. Die Masse lässt sich mit feuchten Händen leicht verarbeiten.

Das fertige Werkstück kann durch Feilen oder Abschleifen geglättet sowie mit allen handelsüblichen Farben bemalt werden. Es gibt viele Gründe, die eine Unterbre-chung des Modellierens erfordern. Dies ist bei lufttrocknenden Modelliermassen kein Probblem, man wickelt das Werkstück in ein feuchtes Tuch, legt es in eine Plastiktüte und verschließt diese, sodass keine austrocknende Luft eintreten kann. So können Sie das Modellieren eine Woche oder sogar einen Monat lang unterbrechen. Durch die Feuchtigkeit des Tuches bleibt die Luft im Plastiksack feucht und die Modelliermasse weich. Beim Weiterarbeiten muss das Werkstück nur leicht angefeuchtet werden, da sonst beim Trocknen Risse in der Oberfläche entstehen können.

Grundsätzlich ist es ratsam, alle Arbeitsschritte mit ein und demselben Werkstoff nacheinander durchzuführen. Dies gilt vor allem für die Arbeiten mit Modelliermasse. Nach dem Modellieren muss der Kopf ungefähr eine Woche völlig durchtrocknen.

Um Ihre Zeit optimal einzuteilen, sollten Sie am besten mit allen für Ihre Marionette erforderlichen Modellierarbeiten beginnen. Die Teile haben dann genügend Zeit zu erhärten, während Sie die nächsten Arbeitsschritte – das Nähen des Körpers und das Bauen des Marionettenkreuzes – in Angriff nehmen.

Materialangaben und Werkzeug

Zum Bau einer Marionette mit modelliertem Kopf und Händen, einem halben Stoffkörper sowie einem Marionettenkreuz benötigen Sie:

zum Modellieren
- ◆ ca. 1000 g Modelliermasse
- ◆ Zeitungspapier
- ◆ Messer und Modellierstäbchen

- ◆ dicke Nadel
- ◆ 2 Ringschrauben für den Kopf (Größe 10 × 4)
- ◆ 2 Ringschrauben für die Hände (Größe 10 × 3)
- ◆ Wasser
- ◆ Unterlage zum Modellieren (z. B. alte Plastiktischdecke)

zum Bemalen des Werkstücks
- ✦ Schleifschwamm
- ✦ Plakafarben
- ✦ feine Pinsel zum Malen der Augen
  und des Mundes
  (Größe 0–2)
- ✦ flacher Pinsel zum Grundieren
  (Größe 10–12)
- ✦ Metallicfarben und Glitter
- ✦ Mattlack und Klarlack
- ✦ Glasgefäß für Wasser

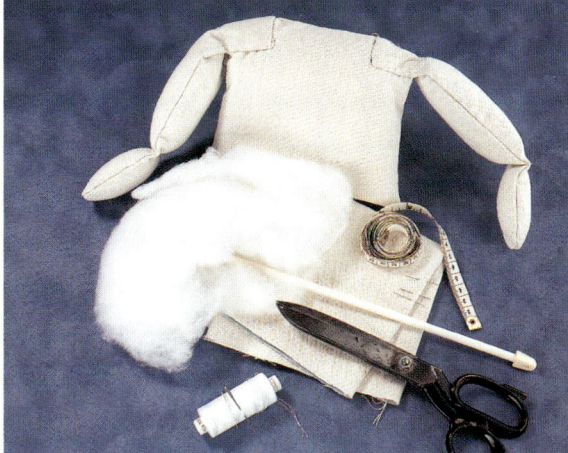

für den Körper
- ✦ Nesselstoff
  (Größe 70 cm × 30 cm)
- ✦ Füllwatte
- ✦ Nähgarn, Nadel und Schere
- ✦ dicker Baumwollfaden

für das Marionettenkreuz
- ✦ 1 Flachleiste, 2 cm breit,
  1 cm dick, 18 cm lang
- ✦ 1 Vierkantleiste, 1 cm breit,
  1 cm dick, 40 cm lang
- ✦ 3 Holzschrauben
  (Größe 3 mm × 16 mm)
- ✦ Nylonfaden
  (0,50 mm stark, ca. 2,20 m)
- ✦ Band
- ✦ Bohrmaschine
- ✦ Säge
- ✦ Schraubenzieher
- ✦ Holzraspel

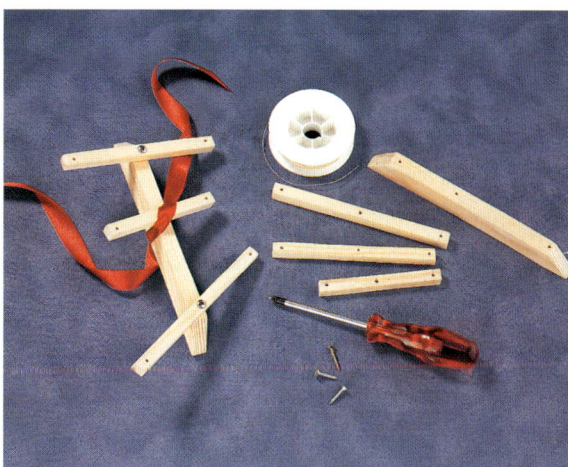

für die Bekleidung und Dekoration
- ✦ Perücke oder Federn
- ✦ verschiedene Stoffe
- ✦ Tüll, Lametta
- ✦ evtl. Schaumstoff
- ✦ Modeschmuck
- ✦ Sternengirlanden
- ✦ eventuell Klebstoff
- ✦ Garn, Nadel und Schere

Arbeiten mit der Modelliermasse

Modellieren des Kopfes

Bevor Sie mit dem Modellieren beginnen, sollten Sie die Anleitung auf der Verpackung der Modelliermasse lesen, um mögliche Fehler zu vermeiden.

Als Kopfgrundkörper dient ein zerknülltes, feuchtes Stück Zeitungspapier, das zu der Grundform des gewünschten Kopfes geformt wird.

Drücken Sie, von oben beginnend, kleine flache Scheibchen Modelliermasse auf das

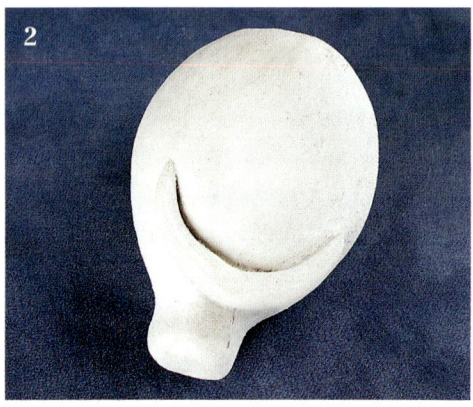

feuchte Papierknäuel, bis Sie eine ungefähr 5 mm dicke Schicht aufgebracht haben. Jedes neu aufgelegte Scheibchen Modelliermasse streichen Sie jeweils auf dem vorher angebrachten mit nassen Fingern zu einem gleichmäßigen Ganzen glatt. Ist der Kopf vollständig bedeckt, drücken Sie die Masse, während Sie den Kopf drehen, mit beiden Händen fest und gleichmäßig zusammen, bis Sie die gewünschte Kopfgrundform erhalten.

So können Sie entweder einen runden, einen länglichen oder einen birnenförmigen Kopf formen. Als Hals verstreichen Sie eine dicke kurze Rolle an der Kopfgrundform.

Beim nachfolgenden Modellieren des Gesichtes sollten Sie sich in Bezug auf die Einteilung des Gesichtsfeldes an der Zeichnung 2 orientieren (s. S. 12), um richtige Gesichtsproportionen zu erhalten. Betrachtet man die Kopfgrundform von der Seite, so erkennt man, dass das Kinn stärker ausgeprägt werden muss. Formen Sie eine kleine Rolle Modelliermasse und verstreichen Sie sie am Kinn. Achten Sie darauf, dass der Unterkiefer – von vorne betrachtet – eine Hufeisenform bildet.

Mit dem Daumen drücken Sie in Höhe der Augen die Augenhöhle in die Masse. Formen Sie einen kleinen Kegel aus Modelliermasse und flachen Sie ihn am schmalen Ende ab. Das breite Ende bildet den unteren Nasenrand. Bringen Sie anschließend den Kegel in der Gesichtsmitte an. Die Nase wird mit beiden Daumen nach

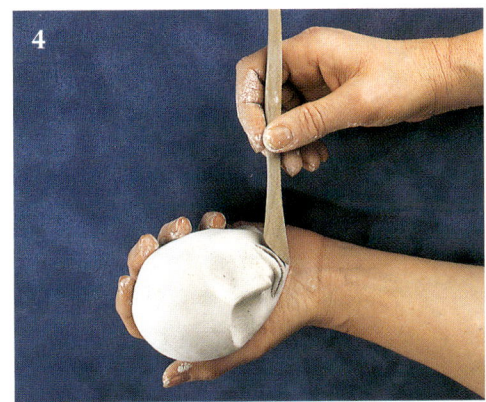

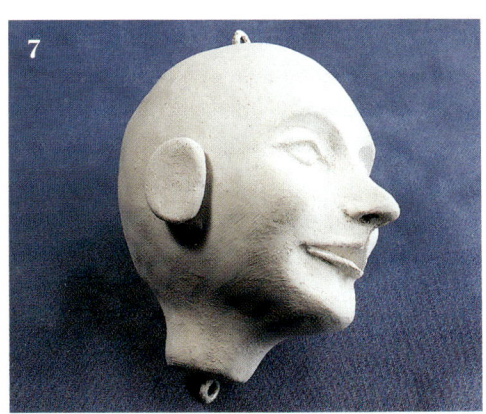

ein Modellierstäbchen verwenden. Streichen Sie alles glatt, bis keine Rillen und Streifen mehr zu sehen sind.

Die Nase können Sie feiner gestalten, indem Sie zwei Kügelchen Masse für die Nasenflügel ansetzen und ausstreichen. Zwei Röllchen Modelliermasse kleben Sie waagerecht unterhalb der Nase an.

Mit diesen Röllchen werden die Ober- und Unterlippe gebildet, indem die Außenkanten mit dem Modellierstab ausgestrichen und geformt werden. Anfänger sollten erst einmal versuchen, geschlossene Lippen zu formen.

Zwei oval geformte Stückchen Modelliermasse, an beiden Seiten der Nase angebracht und vorsichtig geglättet, markie-

oben und seitlich gut ausgestrichen. Mit feuchten Fingern lässt es sich sehr gut arbeiten. Für den unteren Nasenrand und besonders schwierige Stellen sollten Sie

11

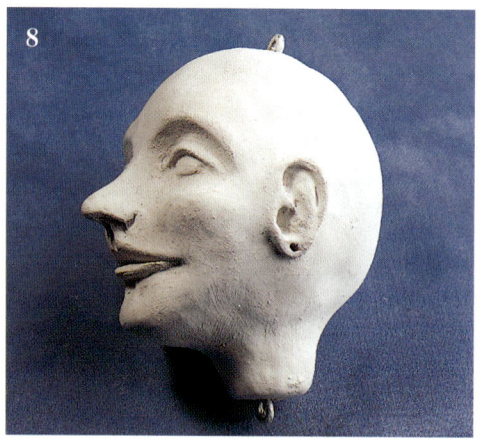

In die Mitte des Halsstumpfes drücken Sie eine Ringschraube zur späteren Befestigung des Kopfes am Körper.

Ebenso drücken Sie eine Ringschraube in die Mitte des Kopfes der Marionette oder jeweils seitlich über den Ohren, je nach Wahl des Kopfmodells (siehe Zeichnung 2).

Überprüfen Sie nun, ob am Kopf alles seinen richtigen Platz hat. Halten Sie den Kopf locker in der Hand, um nichts mehr zu zerdrücken, indem Sie im Stehen den Hinterkopf der Marionette an den Bauch lehnen und von oben auf den Kopf hinunter schauen. Aus diesem Blickwinkel zeigt sich am deutlichsten, ob Nase, Mund und Kinn sich in einer Linie befinden und ob die Wangen gleichmäßig ausgebildet und in gleicher Höhe angebracht sind. Falls nötig, fügen Sie noch etwas Modelliermasse hinzu. Bedenken Sie aber, dass ein nicht so ebenmäßig modelliertes Gesicht, z. B. ein schiefer Mund oder verkniffene Augen, bei bestimmten Marionettentypen durchaus seinen Reiz haben kann.

Legen Sie den Kopf etwa eine Woche zum Trocknen auf eine glatte Unterlage. Der

ren die Wangen. Ebenso setzt man in jede Augenhöhle ein mandelförmiges Stück weiche Masse.

Modellieren Sie Augenlid und Augapfel. Dieser soll, selbst bei geschlossenen Augen plastisch wirken. Betrachten Sie nun den Kopf von allen Seiten, besonders im Profil, damit die Höhe und Wölbung des Augapfels und die Tiefe der Augen auf beiden Seiten gleich ist.

Formen Sie anschließend zwei kleine Ovale aus Modelliermasse, fassen Sie jeweils eines zwischen Daumen und Zeigefinger und drücken Sie es dünn aus, sodass sich an einer Stelle ein Rand bildet, der Außenrand der Ohrmuschel. Die Ohren werden seitlich am Kopf durch Anfeuchten der Modelliermasse angeklebt. Durch Formen und Eindrücken des Gehörganges mit einem Modellierstäbchen verbinden Sie das Ohr mit der darunter liegenden Masse.

Bei Marionetten, die Sie mit Ohrringen schmücken wollen, stechen Sie in die Ohrläppchen mit einer dicken Nähnadel ein kleines Loch.

Betrachten Sie nun den Hinterkopf. Wenn er zu flach geraten ist, kann man noch etwas Modelliermasse ansetzen.

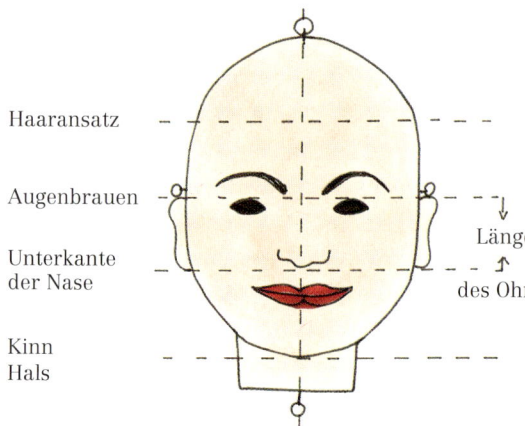

Zeichnung 2:
Gesichtsproportionen einer Marionette

Kopf sollte nicht zu nahe oder sogar auf der Heizung liegen, sonst entstehen Risse an der Oberfläche des modellierten Werkstücks.

Tipps:

✦ Wenn Ihre Modelliermasse fest und brüchig ist, können Sie mit feuchten Händen und nach Bedarf mit etwas Wasser kleine Stücke geschmeidig kneten. Die Masse darf jedoch nicht glitschig werden.

✦ Sollte das Papierknäuel durch die Modelliermasse durchstoßen, können Sie sie einfach mit dem Modellierstab zurückstoßen, neue Masse aufsetzen und diese sehr gut verstreichen.

✦ Sieht Ihr modellierter Kopf nicht so aus, wie Sie sich das vorgestellt haben, sollten Sie ihn einige Tage in einer Plastiktüte liegenlassen und dann erneut betrachten. Man sieht sein Werk mit etwas Abstand mit ganz anderen Augen an und findet oft Unstimmigkeiten, die sich beheben lassen.

✦ Wenn Ihr Kopf Risse zeigt, wurde er beim Trocknen zu warm gelagert. Sie können das Werkstück einfach wieder anfeuchten und die Risse mit geschmeidiger Modelliermasse ausfüllen und überstreichen. Nun lassen Sie den Kopf wieder langsam trocknen.

Es ist beim Modellieren von Köpfen sehr wichtig, sich umzusehen und die Köpfe der Mitmenschen zu studieren. Vielleicht wird ein Kopf nach den eigenen Wunschvorstellungen nicht gleich beim ersten Versuch gelingen. Doch nach einiger Übung stellt sich der erwünschte Erfolg rasch ein. Überdies kann man Fotos ausschneiden oder Bilder von Angehörigen und Freunden zur Hand nehmen, die möglichst die Gesichter mal von vorne, mal von der Seite zeigen.

Der Marionettenkopf braucht diesen Vorbildern natürlich nicht genau zu gleichen, doch vermeiden Sie durch aufmerksames Beobachten grobe Fehler.

Modellieren der Hände

Bei einer Marionette können Sie die Hände so groß modellieren, wie Sie möchten. Normalerweise entspricht die Größe einer Hand bei einem Menschen der Gesichtslänge vom Kinn zur Stirnmitte. Bei Marionetten können große Hände allerdings den Ausdruck der Puppe verstärken (siehe Zeichnung 3, S. 14).

Kneten Sie ein ca. 60–80 g großes Stück Modelliermasse geschmeidig und formen Sie eine einfache geschlossene Hand, ausgehend von einer Eiform.

Betrachten Sie Ihre eigene Hand und schneiden Sie die Finger des Modells entsprechend des Vorbildes zurecht. Die Fingerform ist nur angedeutet, lediglich Daumen und Zeigefinger werden mit dem Messer ganz eingeschnitten und mit einem Modellierstäbchen abgerundet.

Lassen Sie die Finger ein wenig aneinander haften, da sie, wenn sie lang und fein gearbeitet werden, stoßempfindlich sind und leicht abbrechen.

Drücken Sie den Daumen vorsichtig in die Handfläche, sodass eine Mulde entsteht, formen Sie die Handflächen mit einem Stückchen Masse weiter aus und gestalten Sie schließlich den Handballen.

13

Handlinien und Fingernägel werden am Schluss mit einem Modellierstab behutsam herausgearbeitet.

Sind Sie mit dem Ergebnis zufrieden, stechen Sie mit einer dicken Nähnadel in die Mitte des Handrückens ein Loch. Hier werden später die Hände aufgefädelt, um der Marionette eine bestimmte Handhaltung zu geben.

In die Mitte jedes Handstumpfes drücken Sie eine Ringschraube (Größe 10 × 3) zur Befestigung der Hände an den Armen. Sie können auch noch nach ein paar

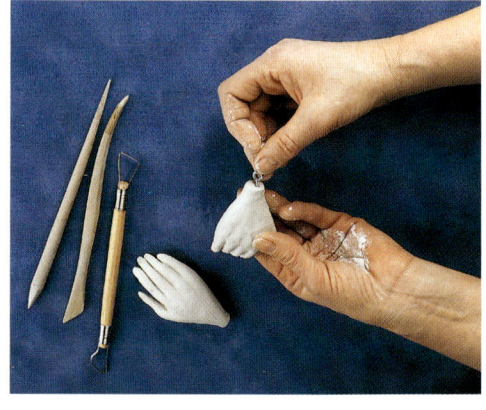

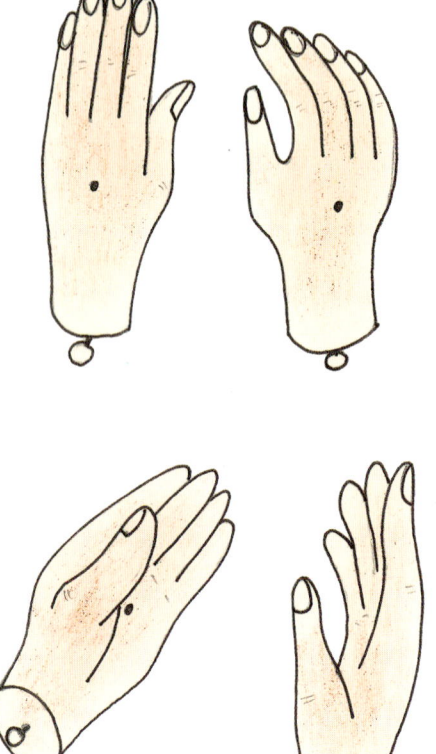

Tagen, wenn sich die Form gefestigt hat und nichts mehr verdrückt werden kann, weitere Einzelheiten an der Hand anfügen. Dies empfiehlt sich vor allem am Daumenballen und am Fingeransatz. Achten Sie darauf, dass die Hand zuerst etwas angefeuchtet werden muss, bevor man weiter modellieren kann.

Tipp:

◆ Beide Hände sollten nie die gleiche Haltung haben, denn eine Marionette spricht mit den Händen.

◆ Männerhände werden ebenso wie Frauenhände modelliert, nur mit etwas stärkerem, ausgeprägten Handrücken und breiteren sowie längeren Fingern.

Zeichnung 3:
Verschiedene Handstellungen

14

Bemalen der Marionette

Vorbereiten der Einzelteile zum Bemalen

Mit der Bemalung beginnt der faszinierendste Teil der Gestaltung. Durch sie wird die Marionette zum Leben erweckt: die Form der Augen und Augenbrauen, die Blickrichtung und der Schwung des Mundes bestimmen den Ausdruck der Puppe. Wenn der Kopf und die Hände gut durchgetrocknet sind, können Sie mit dem Bemalen beginnen. Sie erkennen dies an der hellen, fast weißen Farbe des Werkstücks, zudem ist das Material sehr leicht, da die Feuchtigkeit ausgetreten ist. Um den Arbeitsvorgang des Bemalens zu erleichtern, wird die Oberfläche des Kopfes und der Hände mit einem Schleifschwamm geglättet, denn je feiner die Oberfläche ist, desto feiner können die Pinselstriche gesetzt werden. Grobe Unebenheiten werden zuerst mit dem Messer weggeschnitten. Beim Schleifen beginnen Sie mit der groben Seite des Schwammes, indem Sie mit kreisenden Bewegungen über das ganze Werkstück gleiten. Sind größere Unebenheiten beseitigt, verwenden Sie die feine Seite des Schleifschwammes, bis Sie eine zarte Oberfläche fühlen.

Anschließend reinigen Sie die Teile mit einem dicken Pinsel vom Schleifstaub. Verwenden Sie zum Bemalen wasserlösliche Farben:

Rot	für den Mund
Weiß	für den Augapfel
Schwarz, Braun oder Grau	für die Augenbrauen
Braun, Blau, Grün oder Grau	für die Iris
Schwarz	für die Pupille
Braun, Ocker sowie Karminrot	zum Grundieren

Bei einer Phantasiemarionette wie dem Zauberer, Mond oder Sonne können Sie Kopf und Hände auch mit einer Metallicfarbe grundieren. Bevor Sie mit dem Malen beginnen, testen Sie, ob die Ringschrauben am Kopf und an den Händen fest in der trockenen Modelliermasse verankert sind. Ansonsten drehen Sie sie heraus und kleben sie fest. Lassen Sie anschließend die Farben gut trocknen.

Grundieren von Kopf und Händen

Da die modellierten Werkstücke in getrocknetem Zustand Weiß sind, können Sie sofort mit dem Farbauftrag beginnen. Verwenden Sie einen großen Pinsel Nr. 10 oder 12. Mischen Sie den gewünschten Farbton und bemalen Sie Kopf und Hände großzügig. Sparen Sie keine Stelle aus, auch nicht das Augenteil, auf das später das Augenweiß aufgetragen wird, und malen Sie auch großzügig über den Haaransatz.

Ist der erste Farbauftrag nicht zufriedenstellend, lohnt sich ein zweiter dünner Auftrag. Von einem einmaligen dicken Auftrag der Farbe ist abzuraten. Zum Bemalen können Sie den Kopf und die Hände an den Ringschrauben festhalten. Sollten Sie sich vermalt haben, können Sie entweder die Farbe übermalen oder unter dem Wasserhahn wieder abwaschen.

Malen der Augen

Dem richtigen Malen der Augen kommt große Bedeutung zu, denn eine Marionette mit lebendigem Blick wird auch insgesamt lebendig wirken.

Bevor Sie die Augen malen, sollten Sie sie mit Bleistift vorzeichnen. Orientieren Sie sich hierfür an der Zeichnung 4. Es ist ratsam, die Augen zuerst mit Farbe auf Zeichenpapier zu üben, denn falsch aufgemalte Iris, Pupille oder Lichtpunkt lassen sich besonders schlecht korrigieren. Wenn Ihnen die gemalten Augen auf dem Modell nicht gefallen, können Sie sie mit einem feuchten Tuch wegwischen. Anschließend müssen Sie den ganzen Kopf noch einmal trocknen und grundieren.

Wenn Sie mit der Vorzeichnung zufrieden sind, können Sie mit dem Ausmalen der Augen beginnen. Beachten Sie, je feiner die Pinsel, mit denen man arbeitet, desto zarter die Farben und je feiner der einzelne Pinselstrich, umso weicher und natürlicher gelingt der Ausdruck des gesamten Gesichtes. Beim Bemalen ist auch zu beachten, dass jeder Farbauftrag völlig getrocknet ist, bevor der nächste aufgebracht wird. Um lange Wartezeiten zu vermeiden, kann man abwechselnd die Augen und die Lippen bemalen.

Mit einem dünnen Pinsel tragen Sie das Augenweiß auf. Wenn es trocken ist, nehmen Sie einen Bleistift zur Hand und markieren bei beiden Augen die Augenmitte, den Mittelpunkt der Pupille.

Dazu sollten Sie sich den Kopf genau von vorne ansehen und beachten, dass der Blick wirklich gerade gerichtet ist. Natürlich muss die Marionette nicht starr geradeaus schauen, sie kann auch leicht seitlich oder nach unten blicken, aber sie darf

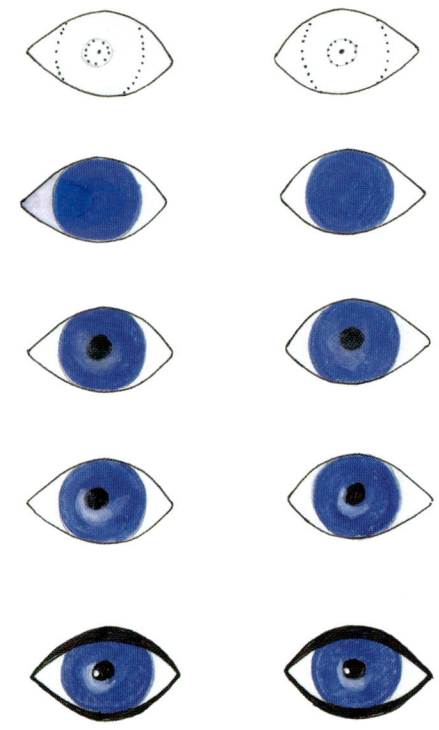

Zeichnung 4: Malen der Augen

16

nicht schielen. Es vereinfacht die Malarbeit, wenn Sie im gleichen Arbeitsgang den Kreis der Iris um die Pupille angeben.
Tipp: Die Iris ist vom Oberlid etwas mehr bedeckt als vom Unterlid. Nur bei angstvoll geweiteten Augen ist die Iris ganz zu sehen. Bei einem geraden Blick muss der Irisrand rechts und links vom Augenwinkel den gleichen Abstand haben.

Wählen Sie nun die Augenfarbe und mischen Sie den gewünschten Ton. Bei blauen Augen mischen Sie Blau, um die Leuchtkraft der reinen Farbe etwas zu dämpfen, mit Schwarz, ebenso bei grünen Augen. Bei grauen Augen mischen Sie Schwarz mit Weiß, für braune Augen können Sie einen reinen Ton verwenden. Mit einem dünnen Pinsel mit guter Spitze wird die Farbe nicht zu dick aufgetragen, da sich sonst die Ränder nicht so exakt ziehen lassen. Beginnen Sie in der Mitte auf dem markierten Punkt und ziehen Sie den Pinsel in sanften Bögen und immer größeren Kreisen um diesen Mittelpunkt bis zum vorgezeichneten Rand der Iris. Das zweite Auge malen Sie auf die gleiche Weise. Anschließend lässt man die Iris gut trocknen.
Tipp: Für eine sichere Pinselführung halten Sie den Marionettenkopf in der linken Hand. Der Kopf sollte auf einem Papiertaschentuch aufliegen, dadurch wird die Verschmutzung des Kopfes durch eventuell farbverschmierte Hände vermieden. Schlagen Sie die Beine übereinander und stützen Sie den linken Arm auf den linken Oberschenkel. So liegt der Marionettenkopf ruhig in der Hand und Sie können sauber und ohne zu zittern arbeiten.

Zum Malen der Pupillen sollten Sie den Pinsel gut auswaschen. Nun werden mit reinem Schwarz kleine Kreise aufgetragen.
Tipp: Bedenken Sie, dass kleine Pupillen den Blick stechend wirken lassen, sehr große machen ihn schwer oder auch finster.

Anschließend wird mit etwas Weiß aufgehellter Augengrundfarbe ein sichelförmiger Bogen um die Hälfte bis zwei Drittel der Pupille herumgezogen.
Tipp: Je größer die Pupille ist, desto schmäler ist die Lichtsichel.

Da sich auf der Linse des Auges das Licht ganz ähnlich wie auf Glas bricht, ist es wichtig, einen Lichtpunkt für eine natürliche Wirkung des Auges aufzumalen.
Tipp: Der Lichtpunkt muss in beiden Pupillen an derselben Seite sein und immer auf der aufgehellten Seite des Auges sitzen.

Zur Betonung der Augen können Sie auch noch einen Lidstrich oder Wimpern aufmalen. Die Augenbrauen zeichnen Sie mit

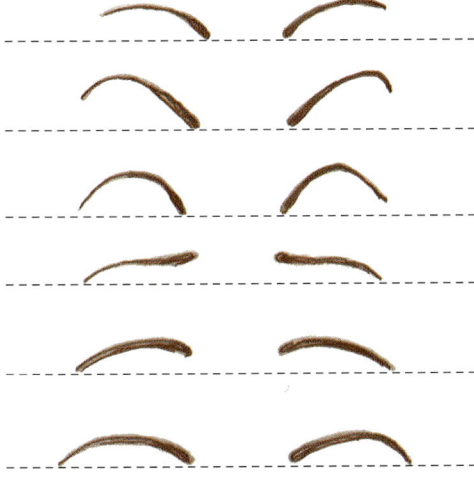

Zeichnung 5: Malen der Augenbrauen

einem weichen Bleistift vor und malen sie in derselben Farbe, die das Haar haben soll. Augenbrauen haben einen starken Einfluss auf den Gesichtsausdruck. Je weiter sie von der Nasenwurzel entfernt beginnen, um so kindlicher wirkt das Gesicht. Je nach Marionettentyp werden dichte oder dünne Augenbrauen gemalt (siehe Zeichnung 5).

Tipp: Für schöne Augenbrauen sollten Sie keine geraden Striche ziehen, sondern die Augenbrauen leicht bogenförmig andeuten.

Bemalen der Lippen

Tragen Sie die Lippenkonturen mit einem Bleistift auf und mischen Sie die gewünschte Lippenfarbe. Weiß mit Rot ergibt, verdünnt mit Wasser, ein schönes Hellrosa. Durch Beimischen von Braun, Gelb oder auch Schwarz können Sie dem Mund einen anderen Farbton geben. Volles Rot ist nur bei weiblichen Figuren geeignet. Beginnen Sie in der Lippenspalte und arbeiten Sie langsam zu den Lippen-

Zeichnung 6: Malen der Lippen

rändern hin. Betrachten Sie zwischendurch immer wieder das Gesicht. Die Wirkung des Mundes hat einen großen Einfluss auf den Gesamtcharakter der Marionette. Jetzt können noch kleine Fehler korrigiert werden, z. B. kann ein hängender Mundwinkel optisch nach oben gezogen werden oder eine zu schmale Oberlippe etwas breiter gemalt werden.

Tipp: Die Oberlippe sollte immer etwas dunkler als die Unterlippe werden, da sie das Licht stärker reflektiert.

Bemalen der Hände

Die Hände der Marionetten werden nur grundiert. Wenn es zum Marionettentyp passt, können zudem die Fingernägel aufgemalt werden. Hängen Sie anschließend alle Teile an den Ringschrauben auf und lassen Sie sie gut trocknen.

Lackieren der Puppenteile

Um Kopf und Hände gegen Verkratzen oder Feuchtigkeit unempfindlich zu machen, können Sie die Teile mit Plaka-Mattlack oder Plaka-Klarlack überziehen. Lackieren Sie alle Teile, bis auf den Hinterkopf, da hier eine Perücke aufgeklebt wird, mit einem großen, weichen Pinsel, indem Sie von oben nach unten über die Teile streichen. Achten Sie besonders darauf, nicht nochmals über schon lackierte Partien zu streichen, denn das gibt unnötige Streifen. Danach werden Kopf und Hände wieder zum Trocknen aufgehängt.

Tipp: Mattlack muss vor dem Gebrauch unbedingt gut aufgerührt werden, da sich mattierende Partikel am Boden absetzen. Am Ende der Malarbeiten sollten Sie die Pinsel immer gut reinigen.

Nähen des Stoffkörpers

Verwenden Sie für den Körper einen festen, hellen Baumwollstoff (Nessel). Für eine Marionette benötigen Sie 70 cm × 30 cm. Zum Füllen eignet sich Dracon-Watte, die Sie im Fachhandel oder im Kaufhaus erhalten, oder Füllmaterial wie Schaumflocken und Reste weicher Stoffe, die man kleinschneidet.

Die Körper der gezeigten Marionetten haben folgende Maße:

Kopf	11 cm lang
Körper	15 cm lang
Arme	27 cm lang

Übertragen Sie das Schnittmuster (siehe Zeichnung 7), wobei 1 Kästchen einem Zentimeter im Original entspricht. Vergrößern Sie diese Zeichnung auf das angegebene Maß und zeichnen Sie den Umriss auf ein kariertes Papier. Dieses Schnittmuster legen Sie auf den Baumwollstoff und schneiden es mit einer Nahtzugabe von 1 cm zu, d. h. Sie schneiden nicht direkt die Linie nach, sondern in einem Abstand von 1 cm zur Linie.

Das Körperteil benötigen Sie 2 x, die Arme 4 x.

Beide Teile des Körpers werden rechts auf rechts aufeinander gelegt und festgesteppt. An der unteren Schnittkante des Körpers lassen Sie einen Schlitz von ca.

benötigte Stoffmenge 70 cm × 30 cm

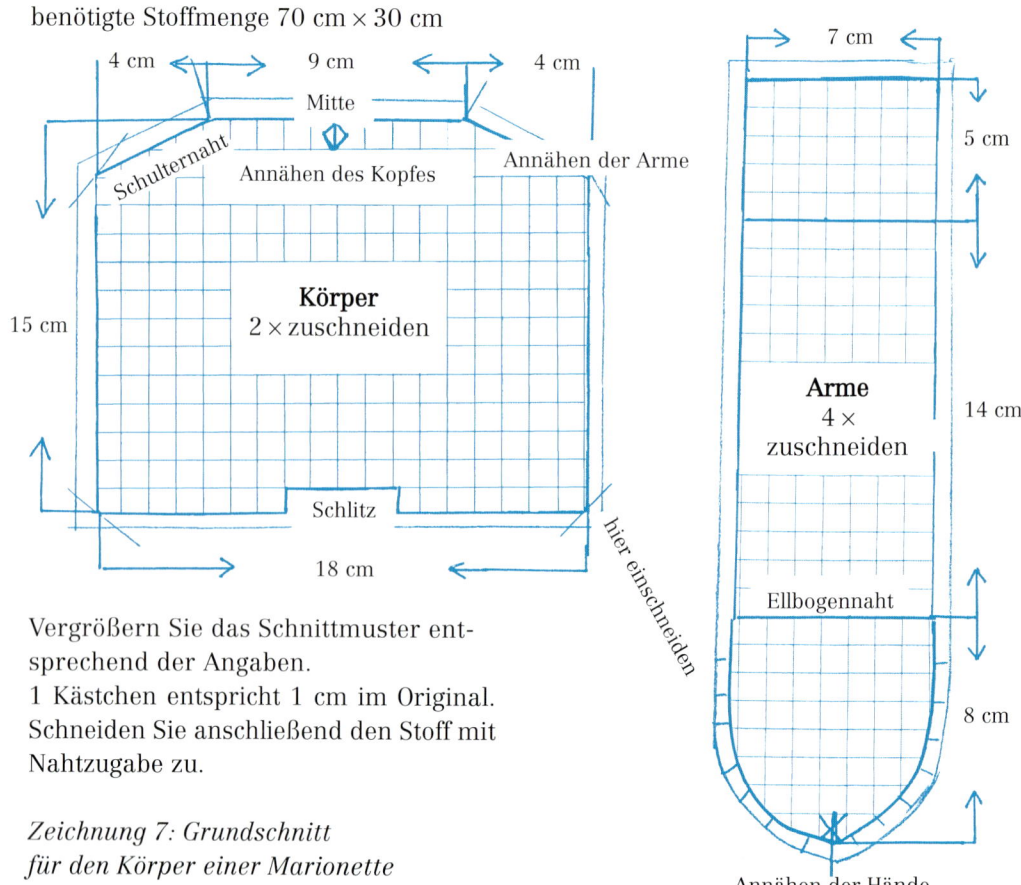

Vergrößern Sie das Schnittmuster entsprechend der Angaben.
1 Kästchen entspricht 1 cm im Original. Schneiden Sie anschließend den Stoff mit Nahtzugabe zu.

Zeichnung 7: Grundschnitt
für den Körper einer Marionette

4–5 cm, um das Teil anschließend wenden zu können. Zudem dient die Öffnung zum Füllen des Körpers. Vor dem Wenden schneiden Sie die Ecken, wie auf der Zeichnung zu sehen, ein. Dann füllen Sie den Körper fest und gleichmäßig mit Füllwatte aus und nähen den Schlitz entweder auf der Nähmaschine mit großen Zickzackstichen oder mit Plattstichen per Hand zu. Nähen Sie die Armstreifen wie auf der Zeichnung 7 zu sehen ist. Nach dem Wenden füllen Sie die Arme zuerst unterhalb des Ellbogens. Nun werden die Ellbogengelenke, wie im Schnitt angegeben, abgenäht und die Arme bis auf die oberen 5 cm vollständig ausgestopft. 5 cm vom oberen Rand entfernt steppen Sie die Schulter. Das Armende versäubern Sie, indem Sie den Stoff 1 cm nach innen umschlagen und feststeppen. Befestigen Sie die Arme mit Plattstich an den schrägen Schulterpartien am Körper. Die Arme müssen ganz locker von der Schulter herabhängen, sind sie zu fest gestopft, stehen sie vom Körper ab.

Jetzt können Sie den bemalten, inzwischen getrockneten Marionettenkopf an der Ringschraube in der Mitte des Körpers mit dickem Garn festnähen.

Ebenso nähen Sie die Hände mit den Ringschrauben an den unteren Enden der Arme fest.

Das Marionettenkreuz

Da die vorgestellten Marionetten nur zur Dekoration dienen sollen, reicht ein einfaches Marionettenkreuz aus.

Ein einfaches Kreuz hat folgende Maße:

- 1 Flachleiste, 2 cm × 1 cm, 18 cm lang
- 1 Vierkantleiste, 1 cm × 1 cm, 15 cm lang, zum Aufhängen der Arme
- 1 Vierkantleiste, 1 cm × 1 cm, 10 cm lang, zum Aufhängen des Kopfes
- 1 Vierkantleiste, 1 cm × 1 cm, 13 cm lang, zum Aufhängen der Schultern

Sägen Sie die Leisten nach den angegebenen Maßen zu und schleifen Sie die rauen Kanten bei allen Hölzern etwas ab. In jede Vierkantleiste werden 3 Löcher gebohrt (siehe Zeichnung 8).

Die äußeren Löcher dienen zur Aufhängung der Fäden, mit dem mittleren Loch wird die Vierkantleiste auf der Schmalseite der Flachleiste mit Schrauben (Größe 3 × 16 mm) befestigt.

Anhand der Bauanleitung sehen Sie, in welchem Abstand welche Vierkantleiste festgeschraubt werden muss.

Zum Aufhängen der Marionette mit Kreuz benötigen Sie entweder ein farbiges Band, passend zur Figur, oder einen dicken Nylonfaden (Stärke 0,50 mm).

Es empfiehlt sich, das Band um die mittlere Vierkantleiste (Kopfaufhängung) und gleichzeitig um die Flachleiste zu schlingen und gut zu verknoten.

Flachleiste 2 cm × 1 cm, 18 cm lang

Vierkantleiste 1 cm × 1 cm. 15 cm lang

Vierkantleiste 1 cm × 1 cm, 13 cm lang

Vierkantleiste 1 cm × 1 cm, 10 cm lang

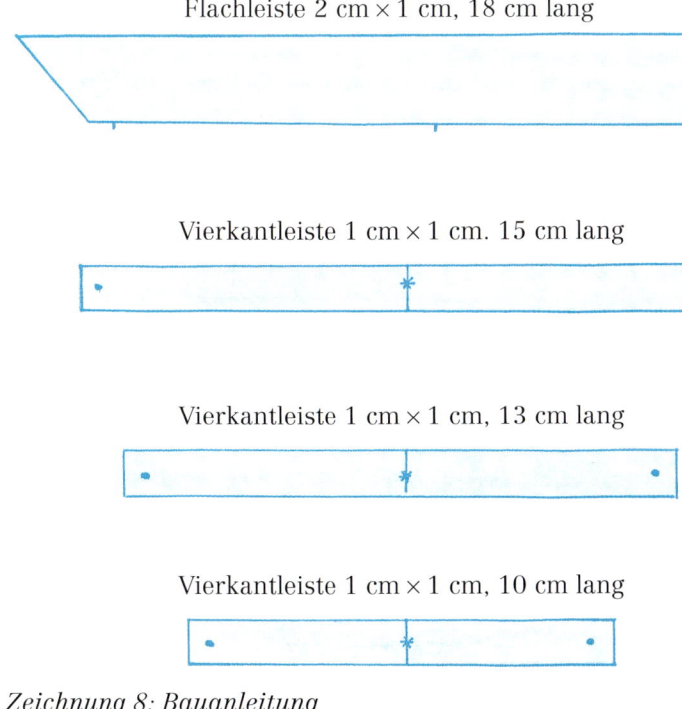

Zeichnung 8: Bauanleitung

- • hier Löcher zum Auffädeln der Marionette im Abstand von 0,5 cm von der Außenkante bohren
- * hier Löcher für die Schrauben zum Befestigen der Vierkantleisten an der Flachleiste vorbohren

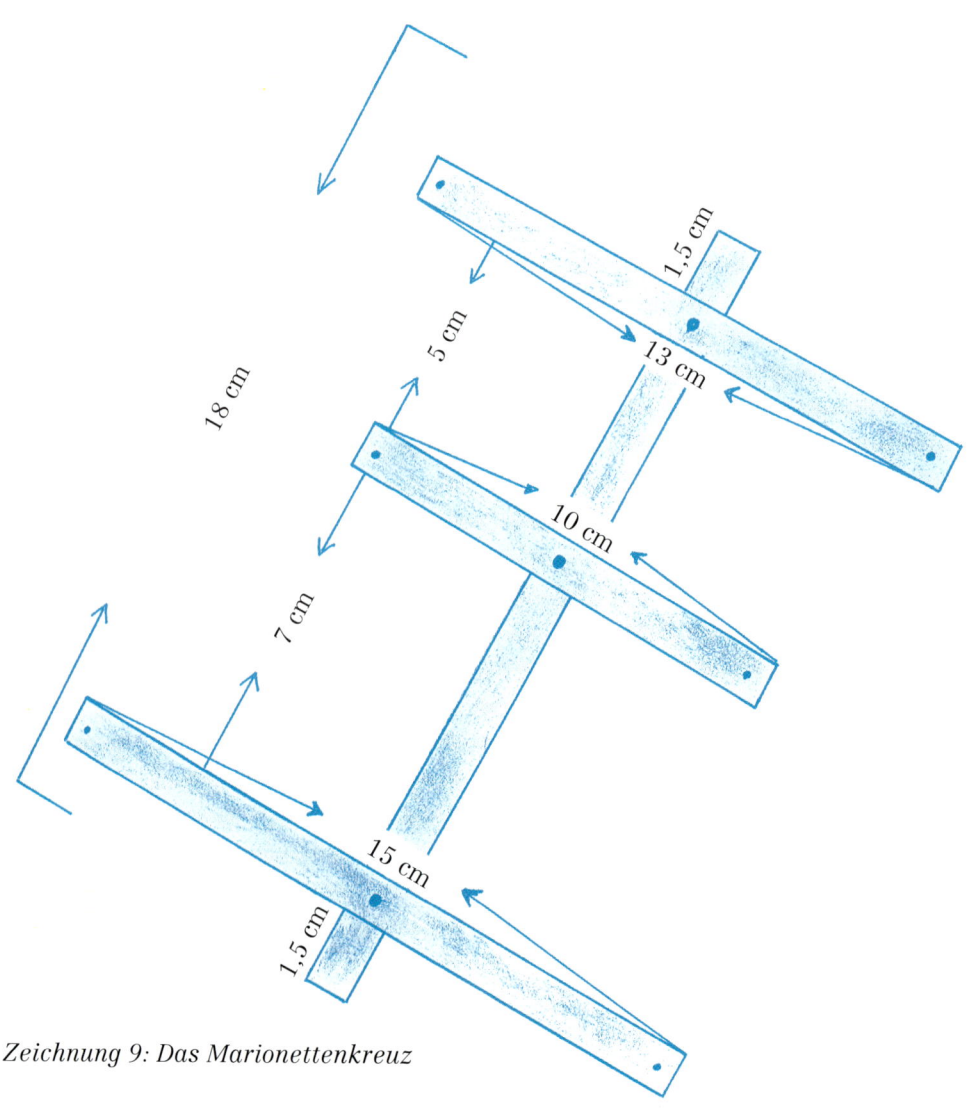

Zeichnung 9: Das Marionettenkreuz

Aufhängen der Marionette

Für den nächsten Arbeitsvorgang, das Bekleiden der Marionette, ist es ratsam, die Marionette schon provisorisch aufzufädeln, bzw. aufzuhängen.

Verwenden Sie einen feinen Nylonfaden,

der eine große Reißfestigkeit besitzt und weitgehend unsichtbar ist.

Befestigen Sie einen ca. 50 cm langen Nylonfaden an jeder Schulter. Mit einer Nadel ziehen Sie den verknoteten Faden von unten flach durch den Körper und durch die Schulternaht der Arme und machen sicherheitshalber noch einen Stich, denn die Aufhängung an den Schultern trägt das meiste Gewicht der Marionette (siehe Zeichnung 10).

Durch das Loch an den Händen ziehen Sie einen ca. 70 cm langen Faden, denn hier benötigen Sie, je nachdem wie die Handhaltung der Marionette sein soll, sehr viel Spielraum.

Den Kopf hängt man an den beiden Ringschrauben links und rechts am Kopf an zwei je 40 cm langen Nylonfäden auf. Sitzt die Ringschraube in der Mitte des Kopfes, so verknoten Sie einen ca. 80 cm langen Faden in der Mitte an der Ringschraube.

Tipp:
Die Fäden müssen am Körper wie am Spielkreuz stets mit mehreren Knoten sehr gut befestigt werden.

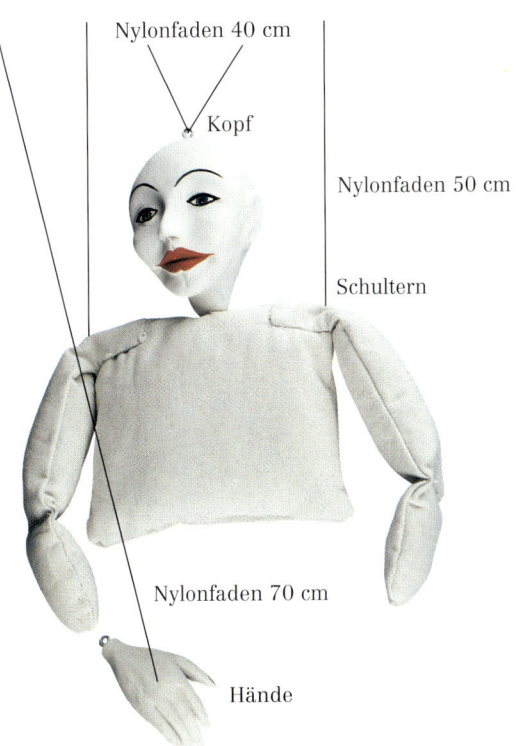

Nylonfaden 40 cm

Kopf

Nylonfaden 50 cm

Schultern

Nylonfaden 70 cm

Hände

Zeichnung 10: Anbringen der Nylonfäden

Bekleiden der Marionette

Unterkleid

Die Marionetten, die in diesem Buch abgebildet sind, werden, abgesehen von einem Unterkleid, nur mit viereckigen Tüchern in verschiedenen Farben und Stoffmaterialien bekleidet.

Für das Unterkleid benötigen Sie eine Stoffmenge von 20 cm × 55 cm. Es besteht aus folgenden Teilen:
✦ Vorderteil 1 x, 20 cm × 16 cm
✦ Rückenteil 2 x, 11 cm × 16 cm
✦ Arme 2 x, 25 cm × 20 cm

Schneiden Sie diese Teile aus dem gewählten Stoff (z. B. Taft, Lurex oder Jersey) aus. Bei der Auswahl der Stoffe sollten Sie darauf achten, dass sie knitterfrei sind, da die Kleidung fest an der Marionette angenäht wird und die Stoffteile später nicht mehr gebügelt werden können. Weiche, fließende Stoffe lassen sich auch besser an der Marionette drapieren. Beginnen Sie, indem Sie Vorderteil und Rückenteil rechts auf rechts legen und

Schnittmuster

Benötigte Stoffmenge 20 cm × 55 cm

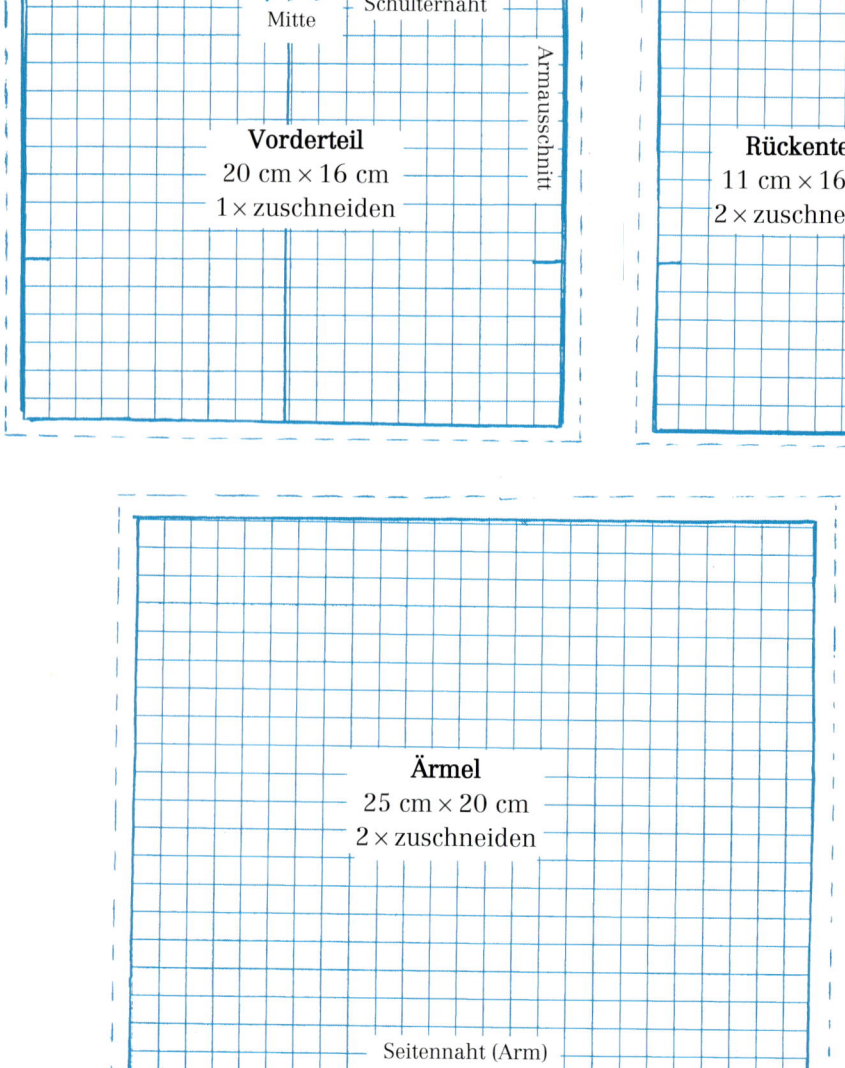

Zeichnung 11: Zuschneiden des Unterkleides

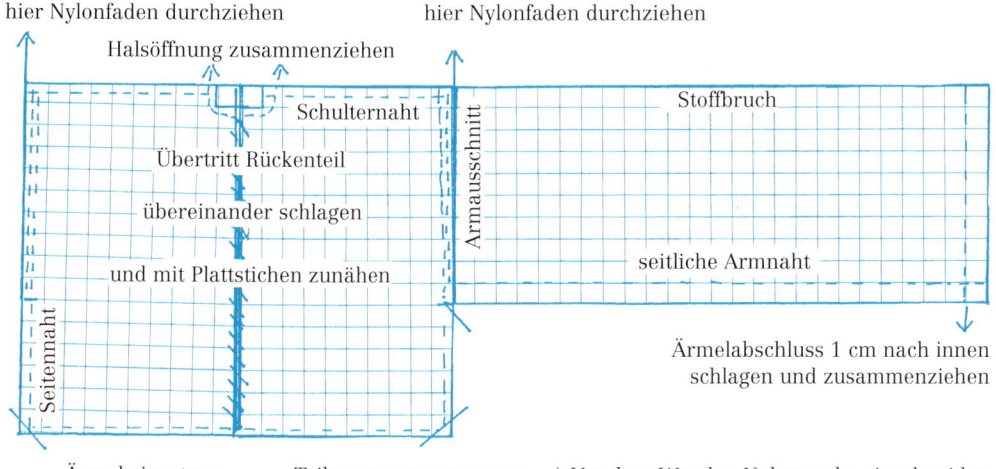

hier Nylonfaden durchziehen   hier Nylonfaden durchziehen

Halsöffnung zusammenziehen

Schulternaht

Übertritt Rückenteil

übereinander schlagen

und mit Plattstichen zunähen

Stoffbruch

Armausschnitt

seitliche Armnaht

Seitennaht

Ärmelabschluss 1 cm nach innen
schlagen und zusammenziehen

══ Ärmel einsetzen   ---- Teile zusammensteppen   \ Vor dem Wenden Nahtzugabe einschneiden

Zeichnung 12: Nähen des Unterkleides

der Zeichnung 11 entsprechend die Teile zusammensteppen. Steppen Sie die Seitennähte der Ärmel und setzen Sie sie in das Armloch des Unterkleides ein. Anschließend können Sie das Unterkleid der Marionette überziehen.

Dabei müssen Sie beachten, dass Sie die am Körper bereits angebrachten Nylonfäden an den Schultern und an den Schulternähten des Unterkleides durch den Stoff ziehen müssen. Ebenso müssen die Fäden an den Händen durch den Stoff gezogen werden. Schließen Sie die Rückennaht des Unterkleides, indem Sie den Stoff auf einer Seite 1 cm nach innen schlagen und mit Plattstichen festnähen. An der Ringschraube des Kopfes (Halsausschnitt) wird der Stoff, nachdem Sie ihn auch hier um 1 cm nach innen geschlagen haben, mit kleinen Stichen zusammengenäht und an der Ringschraube festgenäht. Ebenso verfahren Sie mit den weiten Ärmeln, die über den Ringschrauben der Hände bauschig fallen und die Schrauben etwas verdecken sollen.

Um nun an der Marionette gut weiterarbeiten zu können, sollte sie an das Marionettenkreuz gehängt werden. Zuerst fädeln Sie die Kopffäden durch die vorgesehene mittlere Leiste, und zwar so, dass beide Fäden gleich lang sind und der Kopf gerade steht. Die Fäden haben einen Abstand von ca. 30 cm zum Kreuz. Jetzt hängen Sie die Marionette – möglichst ohne Wandberührung – auf.

Fädeln Sie die Schulterfäden durch die Löcher der hinteren Vierkantleiste und ziehen Sie nun an beiden Fäden langsam und gleichmäßig an, bis Sie merken, dass sich die Schultern leicht heben und dadurch der Kopf etwas zu schaukeln beginnt. In dieser Stellung werden die Fäden fest verknotet.

Das Gesamtgewicht der Marionette sollte an diesen Schulterfäden hängen.

Die Fäden, die Sie durch die kleinen Löcher in den Händen gezogen hatten, fädeln Sie durch die Löcher des vorderen langen Vierkantholzes. Mit leicht angehobenen Armen, unter Andeutung einer

Gestik durch die Hände, erhält die Marionette einen lebendigen Ausdruck.

Tipp:
✦ Verknoten Sie die Fäden an Kreuz und Ringschrauben sehr gut – eher einmal zu oft als zu wenig –, damit sie sich nicht später unter Belastung öffnen.

✦ Ist die Marionette aufgefädelt, sollte das Kreuz entweder waagerecht hängen oder vorne leicht nach oben zeigen.
✦ Die Vierkantleisten müssen immer waagerecht stehen.
✦ Die Fäden von Kopf und Schulter müssen gleich gespannt sein und dürfen weder zu straff noch zu locker sitzen.

Gestalten und Dekorieren

Die in diesem Buch gezeigten Marionetten sind im Prinzip immer nach dem gleichen Schema bekleidet.

Die in der jeweiligen Anleitung angegebenen Vierecktücher werden an einem beliebigen Zipfel am Unterkleid mit ein paar Stichen per Hand festgenäht.

Kleinere Tücher werden, um eine bauschige, voluminöse Wirkung zu erzielen, in der Mitte gefasst und angenäht. Es ist ratsam, beim Annähen der Tücher mit der Nähnadel durch Unterkleid und Stoffkörper gleichzeitig zu stechen, damit sich das Unterkleid durch das Gewicht der Tücher nicht verzieht.

Vierecktücher aus Taft und Dekostoffen – Stoffe, die leicht ausfransen – werden zuerst gesäumt, kleine Tücher aus diesen Materialien können auch mit einer Zickzackschere zugeschnitten werden.

Tücher aus Tüll, Lurex, Spitze, Pannesamt, Jersey und Lamé müssen nicht gesäumt werden.

Wo welche Tücher festgenäht werden, können Sie der Zeichnung 13 entnehmen oder auf dem jeweiligen Foto sehen. Sie müssen sich aber nicht unbedingt an die Vorgabe halten, Sie können die Vierecktücher auch nach eigenem Geschmack am Körper befestigen. Ich empfehle Ihnen, die Tücher probeweise mit Stecknadeln am Körper festzustecken. So können Sie ohne weiteres verschiedene Dekorationsvarianten ausprobieren.

Erst nach Gefallen werden die Tücher festgenäht.

Beginnen Sie mit dem Annähen der Tücher an der Unterkante des Unterkleides, und zwar mit großen Tüchern, und nähen Sie versetzt nach oben immer kleinere Tücher an. Nähen Sie immer zuerst die untersten Tücher an und arbeiten Sie dann nach oben weiter. Die Tücher sollten abgestuft übereinander liegen.

Als Schmuck verwende ich sehr gerne Ohrstecker, Ohrclips und Ohrringe in allen Ausführungen und Variationen.

Man kann die Tücher auch mit einer Brosche oder mit Ohrsteckern zusammenfassen und am Körper feststecken. Ich verwende sie nicht nur als Ohrschmuck, sondern auch sehr gerne als dekorativen Blickfang im Rücken oder am Vorderteil der Marionette. Als Armschmuck eignen sich Creolen, die sich leicht über die Handgelenke streifen lassen.

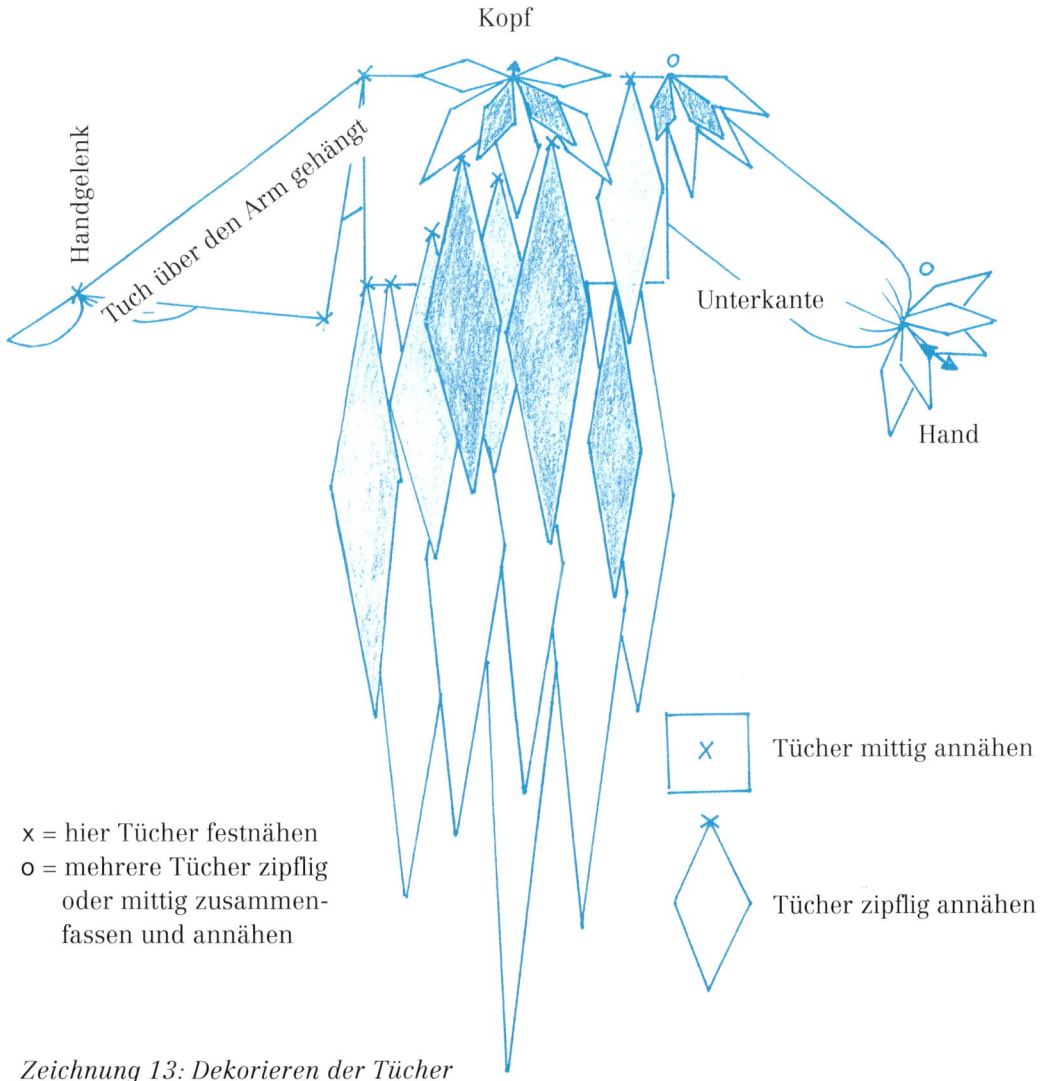

Kopf

Handgelenk

Tuch über den Arm gehängt

Unterkante

Hand

x Tücher mittig annähen

x = hier Tücher festnähen
o = mehrere Tücher zipflig
    oder mittig zusammen-
    fassen und annähen

Tücher zipflig annähen

Zeichnung 13: Dekorieren der Tücher

Nun können Sie ihrer Kreativität freien Lauf lassen und Ihre Marionette zu einem Schmuckstück machen.

Beim Anziehen der Marionette brauchen Sie – wie schon anfangs erwähnt – auf die Beweglichkeit des Körpers keinerlei Rücksicht zu nehmen.

Mit der Auswahl der Bekleidungsstoffe und der Accessoires hat man ähnliche Variationsmöglichkeiten und Gestaltungs-vielfalt wie bei der Bemalung des Gesichtes. Auch anhand der Kleidung entscheidet sich, wie der Gesamteindruck der Marionette ist. Es lohnt sich, gerade wenn es um eine prunkvolle Ausstattung einer Marionette geht, auf Flohmärkten nach alten Stoffen, Kleidern oder Schmuckstücken zu suchen, denn alte Sachen unterstreichen die nostalgische Wirkung einer Marionette.

Phantasievolle Marionetten

Dame

Für diese elegante Künstlermarionette modellieren Sie, gemäß der Grundanleitung, ein Frauengesicht mit feinen Zügen, gerader Nase, schön geschwungenem, roten Mund, hohen Augenbrauen und großen Augen.

Formen Sie schmale Hände mit langen Fingern und langen, rot lackierten Fingernägeln. Gesicht und Hände werden nicht grundiert, sodass die Puppe einen hellen Teint behält. Nähen Sie den Stoffkörper und befestigen Sie die Fäden am Marionettenkreuz. Nun wird das Unterkleid (s. S. 23) aus schwarzem Jersey genäht. Bügeln Sie anschließend eine Schmuckapplikation auf die linke Schulter.

Für das Oberkleid benötigen Sie folgende Vierecktücher:

Für den Rock:
- 1 × schwarzer Dekostoff, 40 × 40 cm
- 1 × schwarzer Taft, 40 × 40 cm
- 1 × schwarzer Tüll, 50 × 50 cm
- 1 × Spitze in Silber, 25 × 25 cm
- 1 × Dekostoff in Silber, 35 × 35 cm
- 1 × dunkler Tüll in Silber, 20 × 20 cm
- 1 × Lamé in Silber, 50 × 50 cm
- 1 × Lamé in Silber, 30 × 30 cm
- 1 × Lamé in Silber, 20 × 20 cm

Diese Tücher werden an der Unterkante des Unterkleides stufenweise übereinander genäht (vgl. Zeichnung 13, S. 27).

Für die Taille:
- 3 × schwarzer Tüll, 20 × 20 cm
- 1 × dunkler Tüll in Silber, 15 × 15 cm
- 3 × heller Tüll in Silber, 10 × 10 cm
- 1 × schwarzer Dekostoff, 15 × 15 cm

Diese kleinen Vierecke werden mittig gefasst und vorne an der Taille bauschig festgenäht.

Für den Rücken:
- 1 × schwarzer Dekosamt, 40 × 40 cm
- 1 × Dekostoff in Silber, 35 × 35 cm
- 1 × heller Tüll in Silber, 35 × 35 cm
- 1 × Lurex in Silber, 35 × 35 cm
- 1 × Lurex in Silber, 25 × 25 cm

Diese Tücher nähen Sie gemäß Zeichnung am Rücken der Marionette fest. Am Halsausschnitt befestigen Sie im Rücken folgende Tücher:
- 1 × schwarzer Taft, 50 × 50 cm
- 1 × schwarzer Nickysamt, 40 × 40 cm

28

Zum Schluss werden 2 silberfarbene Spitzentücher (15 × 15 cm) an der linken Schulter mittig angenäht und etwas abstehen gelassen.

Perücke

Nachdem Sie die Näharbeiten am Körper ausgeführt haben, kleben Sie die Perücke, hier langes schwarzes Haar, am Kopf fest.

Hut

Arbeiten Sie den Hut gemäß der Anleitung auf dem Vorlagebogen. Beginnen Sie mit dem Hutrand und passen Sie dann das Hutkopfteil ein. Danach legen Sie ein silberfarbenes Band (Länge 45 cm, Breite 6 cm) um die Nahtstelle. Fassen Sie mit einer dekorativen Brosche silberfarbenen Tüll (5 × 5 cm) und schwarzen Tüll (10 × 10 cm) zusammen und stecken Sie alles seitlich am Hut fest.

Schmuck

Die Diva trägt eine schwarze Perlenkette, die mehrmals um den Hals geschlungen wird, sowie lange, glitzernde Ohrringe und mehrere silberne Armreife (Creolen).
Eine rote Federboa hängen Sie anschließend um die Schulter und Arme der Marionette. Um ein Verrutschen zu verhindern, wird die Boa mit glänzenden Ohrclipsen an den Handfäden befestigt.

Wahrsagerin

Für diese kunstvoll gearbeitete Wahrsagerin modellieren Sie ein markantes Gesicht mit langer Hakennase und spitzem Kinn. Das Gesicht bemalen Sie mit grüner Metallicfarbe und setzen an Kinn und Stirn mit silberner Farbe Akzente. Mund und Augen werden mit schwarzer Farbe betont. Die Hände werden anschließend braun angemalt, die Fingernägel silberfarben nachgezeichnet. Das Unterkleid nähen Sie, wie in der Grundanleitung S. 23 beschrieben, aus schwarzer Spitze.

Für das Oberkleid benötigen Sie folgende Vierecktücher:
- 2 × weißer Taft, 10 × 10 cm
- 2 × weißer Taft, 35 × 35 cm
- 1 × dunkelgrauer Taft, 25 × 25 cm
- 2 × dunkelgrauer Taft, 30 × 30 cm
- jeweils 1 × hellgrauer Taft, 40 × 40 cm, 20 × 20 cm und 10 × 10 cm
- jeweils 1 × schwarzer Taft, 10 × 10 cm, 15 × 15 cm und 40 × 40 cm
- 1 × schwarzer Tüll, 45 × 45 cm
- 2 × schwarzer Tüll, 35 × 35 cm
- 3 × silberfarbener Tüll, 15 × 15 cm
- 2 × silberfarbener Lurex, 15 × 15 cm
- 1 × schwarzer Ausbrennersamt, 45 × 45 cm
- 1 × silberfarbener Lametta, 10 cm lang

Diese Tücher nähen Sie alle stufig versetzt gemäß Zeichnung 13 an der Unterkante des Unterkleides fest. Das Lametta, das an einem Stoffband hängt, nähen Sie am Schluss in der Mitte des Vorderteils fest. Die Nahtstelle decken Sie mit einem strassbesetzten Gürtel ab, indem Sie ihn links und rechts am Körper befestigen und im Rücken schließen.

Für den Rücken:
- 1 × hellgrauer Taft, 25 × 25 cm
- 1 × dunkelgrauer Taft, 25 × 25 cm
- 1 × schwarzer Taft, 20 × 20 cm

Diese Tücher nähen Sie hinten nebeneinander in der Mitte des Halsausschnittes fest.

Für das linke Oberteil:
- 1 × schwarzer Tüll, 5 × 5 cm
- 2 × silberfarbener Tüll, 15 × 15 cm
- 1 × silberfarbener Lurex, 15 × 15 cm
- 1 × weißer Taft, 25 × 25 cm
- 1 × weißer Taft, 15 × 15 cm
- 1 × grauer Taft, 15 × 15 cm
- 1 × grauer Taft, 20 × 20 cm
- 1 × schwarzer Taft, 10 × 10 cm
- 1 × schwarzer Taft, 15 × 15 cm

Diese Tücher befestigen Sie rund um die linke Schulter, wobei die Tücher nach vorne fallen, zur Seite über den linken Arm oder nach hinten über den Rücken.

Für das rechte Oberteil:
- 1 × schwarzer Tüll, 15 × 15 cm
- 1 × schwarzer Samt, 20 × 20 cm

- ✦ 1 × schwarzer Ausbrennersamt, 10 × 10 cm
- ✦ 2 × silberfarbener Lurex, 5 × 5 cm
- ✦ 1 × grauer Taft, 15 × 125 cm
- ✦ 1 × weißer Taft, 15 × 15 cm

Diese Tücher nähen Sie vorne, entlang der rechten Schulternaht des Unterkleides an.

Kopfschmuck

Als Kopfschmuck verwenden Sie eine graue, langhaarige Puppenperücke, die Sie mit Klebstoff auf dem Kopf befestigen. Drapieren Sie schwarzen Tüll (20 × 20 cm) um die Kopfaufhängung und nähen Sie ihn hier fest. Nehmen Sie ein weiteres schwarzes Tüllstück (35 × 35 cm) dazu, nähen Sie es ebenso an der Kopfaufhängung fest, führen Sie es über den Hinterkopf zum linken Unterarm und befestigen Sie es hier. Ein Streifen silberfarbener Tüll (5 × 50 cm) fällt von der Kopfmitte zum rechten Handgelenk. Er wird an beiden Enden gerafft und angenäht. Zum Schluss werden 1 hellgrauer Taftstreifen, 1 dunkelgrauer Taftstreifen sowie ein silberfarbener Lurexstreifen (jeweils 2 × 80 cm) zu einem Zopf geflochten und turbanmäßig um den Kopf gelegt. Sie werden am Hinterkopf verknotet und die Enden lose auf den Rücken fallen gelassen. Die Enden der Streifen können ebenfalls verknotet oder in dicke Zierperlen geklebt werden. Um das linke Handgelenk schlingen Sie ein silberfarbenes Lurexband von 7 × 80 cm.

Schmuck

Zum Schluss kleben Sie der Wahrsagerin eine Deko-Glaskugel in die linke Hand.

Orientalischer Fürst

Dem prunkvollen orientalischen Fürsten wird ein markantes Männergesicht mit tiefen Falten und auffallenden Augenbrauen modelliert. Gesicht und Hände sind mit einem dunklen Braun grundiert. Die rechte Hand sollten Sie so modellieren, dass sie einen Säbel halten kann.

Accessoires wie Säbel und orientalischen Schmuck, die den Fürsten auszeichnen, findet man günstig beim Stöbern auf dem Flohmarkt.

Nähen Sie das Unterkleid, wie in der Zeichnung 11 beschrieben, aus hellbraunem Taft.

Als Vierecktücher benötigen Sie
für den Körper:
- 1 × dunkelbrauner Lurex, 35 × 35 cm, links am Unterkleid annähen
- 1 × rostfarbener Lurex, 40 × 40 cm, rechts am Unterkleid annähen
- 1 × goldfarbener Taft, 25 × 25 cm, in der Mitte am Unterkleid annähen
- 1 × hellbeigefarbener Pannesamt, 80 × 80 cm, bei diesem Tuch werden alle vier Zipfel nebeneinander an der Unterkante des Unterkleides festgenäht, sodass der Stoff bauschig fällt.

für den Mantel:
- 2 × orientalisch gemusterter Dekostoff, 50 × 50 cm, auf der linken Schulter festnähen und 1 Tuch nach vorne und 1 Tuch nach hinten über den Rücken fallen lassen.
- 1 × beigefarbener Pannesamt, 80 × 80 cm, über Eck teilen
  Die Tücher werden unter dem rechten Arm durchgeführt und jeweils zwei Zipfel, etwa 5 cm überstehend, auf der rechten Schulter festgenäht.

- 1 × brauner Lurex, 75 × 75 cm, rechte Schulter hinten annähen.

Taillenbund
- 1 × kupferfarbener Lamé, 20 × 45 cm, säumen und locker über die Nahtstelle der Tücher legen. Vorne sowie an den Seiten des Unterkleides wird der Stoff festgenäht und im Rücken geschlossen.

Turban
Kleben Sie zuerst auf den Kopf ein Dreieckstuch aus beigefarbenem Samt (55 × 75 cm). Rollen Sie für den Turbanrand einen Schaumstoffstreifen 3 × 45 cm auf und heften Sie ihn zu einem Ring zusammen. Anschließend wird ein kupferfarbener Laméstreifen (25 × 150 cm) zusammengenäht, um den Schaumstoffring gelegt, innen mit großen Stichen geheftet und auf die nötige Weite zusammengezogen. Für die Turbanmitte wird ein Schaumstoffstück (9 × 50 cm) aufgerollt,

mit orientalisch gemustertem Dekostoff (15 × 50 cm) umkleidet und mit großen Stichen an den Rändern fixiert. Die Turbanmitte wird in den großen Ring eingenäht oder geklebt. Durch den Turbanrand und die Turbanmitte müssen die Fäden für die Kopfaufhängung durchgezogen werden. Zum Schluss heften Sie mit einer Brosche vorne an den Turbanrand eine Pfauenfeder.

Kragen
Falten Sie 10 × 20 cm kupferfarbenen Lamé, schlagen Sie ihn an den Schnittstellen 1 cm ein und nähen Sie ihn zusammen. An den schmalen Kanten wird er gekräuselt und auf dem Vorderteil am Halsausschnitt festgenäht.

Bart
Arbeiten Sie den Bart wie auf dem Vorlagebogen angegeben und kleben Sie ihn zwischen Nase und Mund fest.

Schmuck
Kleben Sie in die rechte Hand der Puppe einen Säbel und hängen Sie eine Kette um den Hals. Die Ohrringe bestehen aus dicken Metallperlen, kombiniert mit Perlen aus Edelsteinen (Glassteinen).
Sehr reizvoll sind auch verschiedene aufgereihte Perlen, die an die langen Stoffzipfel genäht werden.

Chinese

Das Ausdrucksstarke an diesem chinesischen Gelehrten ist der langgezogene Kopf, die Schlitzaugen unter den markanten Augenbrauen, die tiefen Stirnfalten sowie die Furchen an den Wangen. Modellieren Sie den Kopf entsprechend der Abbildung und formen Sie die Hände so, dass sie die Feder und die Schriftrolle halten können. Kopf und Hände werden anschließend mit der Farbe Ocker grundiert. Nähen Sie das Unterkleid einmal aus schwarzem Taft und einmal aus schwarz-weinrot gestreiftem Taft. Die Ärmelabschlüsse raffen Sie bei dem gestreiften Unterkleid nicht, sondern säumen sie und schlagen sie einmal um.

Für das Oberkleid benötigen Sie folgende Vierecktücher:

Für das Vorderteil:
- ◆ 1 × weinroter Taft mit aufgenähtem Schmuckband, 40 × 40 cm
- ◆ 2 × schwarzer Taft mit aufgenähtem Goldband, 40 × 40 cm

Nähen Sie die Tücher unter den Vorderteilen des Mantels an der Unterkante des Unterkleides fest.
- ◆ 2 × Goldlamé, 10 × 50 cm, an der rechten und linken Unterkante annähen.
- ◆ 2 × weinroter Taft, 8 × 60 cm, an der rechten und linken Unterkante annähen.

Mantel

Sie benötigen:
- ◆ 2 × schwarzen Stoff für das Vorderteil, 25 × 30 cm

Säumen Sie die beiden Teile und nähen Sie eine weinrote Borte entlang der Außenkanten. Auf das rechte Vorderteil werden anschließend chinesische Schriftzeichen appliziert (siehe Zeichnung).

Nähen Sie die beiden Teile an der Unterkante des Unterkleides, über den Vierecktüchern an.

Für das Rückenteil benötigen Sie 1 × 45 × 55 cm schwarzen Stoff. Das Rückenteil arbeiten Sie wie die Vorderteile und nähen es an der Schulternaht fest. In Höhe der Unterkante des Unterkleides verbinden Sie das Rückenteil mit den Vorderteilen.

Kragen

- ◆ 1 × Goldlamé, 15 × 50 cm lang, in der Mitte falten.
- ◆ 1 × weinroter Taft, 10 × 60 cm, falten und am Hals etwas kräuseln
- ◆ 1 × goldfarbene Borte, 50 cm lang

Legen Sie die Stoffstreifen aufeinander und nähen Sie sie mit der goldenen Borte zuoberst zusammen. Diesen Streifen legen Sie um den Hals und nähen die beiden Enden vorne an der Unterkante des Unterkleides fest. Am Hals heften Sie den Kragen an das Rückenteil.

Überwurf

✦ 2 × gemusterter Stoff für die Ärmel, 50 × 30 cm

Säumen Sie die Tücher und hängen Sie sie gerade über die Arme. Befestigen Sie sie mit ein paar Stichen am Unterkleid, an der Schulter und hinten am Rückenteil des Überwurfes.

✦ 1 × gemusterter Stoff für den Rücken, 75 × 45 cm. Der Stoff wird gesäumt, die obere, schmale Kante auf die Breite des Körpers gekräuselt und links und rechts an den Schultern festgenäht.

Gürtel

✦ 1 × gemusterter Stoff, 150 × 15 cm

Säumen Sie den Stoffstreifen, legen Sie ihn locker über die Nahtstelle der Tücher an der Unterkante des Unterkleides, nähen Sie ihn hinten und an den Seiten mit ein paar Stichen fest und verknoten Sie ihn vorne in der Mitte. Die Enden fallen locker nach unten.

Perücke

Verwenden Sie für die Perücke langes, schwarzes Puppenhaar, das Sie wie einen Kranz von Ohr zu Ohr um den Kopf kleben, seitlich kurz schneiden und hinten zu einem 24 cm langen Zopf flechten.

Bart

Nehmen Sie für den Bart ein kleines Büschel Haare, arbeiten Sie den Bart wie auf

dem Vorlagebogen zu sehen und kleben Sie ihn unterhalb der Nase fest.

Kappe

Für die Kappe benötigen Sie schwarzen Taft in der Größe 30 × 20 cm.

Nähen Sie die Kappe nach der Anleitung auf dem Vorlagebogen. Schneiden Sie beide Teile sowohl aus Stoff als auch aus Pappe zu. Kleben Sie zuerst den Hut aus Pappe zusammen und nähen Sie das Oberteil aus Stoff und das Seitenteil aus Stoff zusammen. Anschließend kann die Stoffkappe über die Kappe aus Pappe gezogen werden. Beim Aufhängen der Marionette werden die Kopffäden vorne durch die Kappe geführt.

Zum Schluss kleben Sie dem Chinesen in die eine Hand eine Schreibfeder, in die andere Hand eine mit einer goldfarbenen Schnur zusammengehaltene Lederrolle.

Vogelmensch

Diese farbenprächtige, schillernde Marionette schmückt eine goldene Maske. Nachdem der modellierte Männerkopf trocken ist, bedecken Sie ihn mit einer anschmiegsamen Plastikfolie und gestalten die Grundform der Maske. Legen Sie die weiche Modelliermasse über Augen und Schläfen und drücken Sie sie in die gewünschte Maskenform. Die Augen schneiden Sie mit einem kleinen Messer vorsichtig aus. Das Ganze lassen Sie etwas trocknen; ist eine gewisse Stabilität erreicht, ziehen Sie die Maske vom Kopf ab und setzen vorsichtig den langen Schnabel an.

Ist die Maske gut getrocknet, können Sie Unebenheiten noch mit einem Messer entfernen. Die Maske wird anschließend mit goldener Farbe bemalt. Um die Augenöffnungen kleben Sie kleine, bunte Schmuckfedern. Gesicht und Hände werden hellbraun grundiert.

Das Unterkleid wird gemäß Grundanleitung (s. S. 23) aus schwarzem Taft genäht.

Für das Oberkleid benötigen Sie folgende Vierecktücher:

- 1 × roter Taft, 25 × 15 cm
- 1 × goldfarbener Taft, 35 × 35 cm
- 1 × blauer Taft, 45 × 45 cm
- 1 × blauer Taft, 25 × 25 cm
- 1 × grüner Taft, 25 × 25 cm
- 1 × grüner Taft, 15 × 15 cm
- 1 × schwarzer, glänzender Dekostoff, 40 × 40 cm
- 1 × goldfarbener Lurex, 35 × 35 cm
- 1 × goldfarbener Lamé, 40 × 40 cm
- 1 × goldfarbener Lamé, 20 × 20 cm
- 2 × schwarzer Taft, 35 × 35 cm
- 1 × schwarzer Taft, 25 × 25 cm
- 1 × schwarzer Taft, 15 × 15 cm
- 1 × weißer Taft, 15 × 15 cm
- 1 × gemusterter, schwarzer Taft, 20 × 20 cm
- 1 × gemusterter, schwarzer Taft, 15 × 15 cm
- 2 × schwarzer Pannesamt, 25 × 25 cm

Diese Tücher werden alle am Vorderteil des Unterkleides (siehe Zeichnung 13) angenäht. Durch die Vielzahl der Tücher ist es hier besonders wichtig, sie erst mit Nadeln festzustecken und, nachdem alle Tücher dekoriert wurden, sie anzunähen. Am Halsausschnitt befestigen Sie noch ca. 10 schwarze Tücher in der Größe 4 × 4 cm, 6 × 6 cm und 8 × 8 cm. Hier können Sie kleine Reste verwenden, die Sie einfach mit der Zickzackschere zuschneiden.

Mantel

Schneiden Sie das Teil gemäß der Zeichnung auf dem Vorlagebogen mit Nahtzugabe aus schwarzem Stoff zu und säumen Sie es.

Fassen Sie je 3 rote große Federn, 3 große gelbe Federn und farbige Flaumfedern nach Belieben zu einem Büschel zusammen und nähen Sie sie, wie auf der Zeichnung angegeben, auf dem Mantel fest. Insgesamt benötigen Sie 7 bunte Federbüschel, zudem 3 × 10 cm lange Stücke einer schwarzen Federboa.

Nähen Sie nun den Mantel im Rücken am Halsausschnitt fest. Die Zipfel befestigen Sie an den Handgelenken.

Kopfschmuck

Für den Kopfschmuck fädeln Sie bunte und schwarze Flaumfedern auf einen ca. 30 cm langen Faden und kleben diese Federgirlande locker auf den Kopf. Der Kopf sollte anschließend gut bedeckt sein.

Zum Schluss wird die Maske in Höhe der Stirn mit Klebstoff befestigt.

Teufel

Beim Modellieren des Teufelkopfes müssen Sie Folgendes beachten:
Formen Sie dicke, schräg nach oben verlaufende Augenbrauen und schlitzförmige Augen. Die Hörner werden seitlich am Kopf anmodelliert und die Haare gleich angedeutet. Das faltige Gesicht verläuft zum Kinn hin in einen Spitzbart aus.
Kopf und Hände werden anschließend in Karminrot grundiert, die Hörner mit goldener Farbe hervorgehoben.
Das Unterkleid wird aus schwarzem Jersey (siehe Anleitung S. 23) genäht.

Ärmel
Für das Obergewand benötigen Sie folgende Vierecktücher:

Für den Ärmel:
- ◆ 2 × roter Lamé, 45 × 45 cm

Der Stoff wird jeweils an einem Zipfel an der Schulter und mit dem gegengleichen, gerafften Zipfel am Handgelenk festgenäht. Unter dem rechten Handgelenk befestigen Sie noch zwei Vierecktücher aus rotem Tüll (15 × 15 cm).

Für den Rücken:
- ◆ 1 × schwarzer Samt, 50 × 50 cm
- ◆ 1 × schwarzer Samt, 45 × 45 cm
- ◆ 1 × schwarzer Pannesamt, 50 × 50 cm
- ◆ 1 × roter Lurex, 50 × 50 cm
- ◆ 1 × schwarzer Taft, 45 × 45 cm
- ◆ 1 × schwarzer Tüll, 25 × 25 cm
- ◆ 1 × schwarzer Pannesamt, 25 × 25 cm

Für das Vorderteil:
- ◆ 1 × schwarzrot gemusterter Dekostoff, 55 × 55 cm
- ◆ 1 × schwarzer Taft, 45 × 45 cm

- ◆ 1 × schwarzer Taft, 30 × 30 cm
- ◆ 1 × roter Lurex, 30 × 30 cm
- ◆ 1 × schwarzer Taft, 20 × 20 cm, am oberen Zipfel dieses Tuches, das Sie vorne am Halsausschnitt festnähen, befestigen Sie einen 6 cm breiten, roten Lamettastreifen. Ebenso am gegenüberliegenden, nach unten fallenden Zipfel.

Die restlichen Tücher nähen Sie – wie auf Zeichnung 13 zu sehen – stufig an Vorder- und Rückenteil fest.

Halskrause
Für die Halskrause benötigen Sie einmal schwarzen Tüll in der Größe 45 × 70 cm und einmal schwarzen Tüll in der Größe 10 × 70 cm. Kräuseln Sie diese Tüllstreifen und nähen Sie sie hinten am Halsausschnitt fest, schlagen Sie sie hinter dem Kopf hoch und befestigen Sie sie so an

der Aufhängeschraube des Kopfes, sodass diese verdeckt wird.

Kragen

Für den Kragen benötigen Sie schwarzen Tüll (25 × 40 cm).
Der Kragen wird gemäß dem Vorlagebogen gefertigt und im Anschluss an die Halskrause am Rücken und an der Kopfaufhängung festgenäht.

Zum Dekorieren des Rückens benötigen Sie:
- 2 × roten Lurextüll, 10 × 10 cm
- 3 × roten Lurextüll, 15 × 15 cm
- 4 × roten Lurextüll, 10 × 25 cm

Diese kleinen Viereck-tücher nähen Sie unter-halb des Kragens am Rückenteil mittig fest.

Mond

Das hoheitsvolle Gesicht des Mondes, mit den Merkmalen eines Männerkopfes, modellieren Sie auf die Vorderseite einer sichelförmigen Grundform.
Die Nase sitzt genau in der Mitte der Sichel, den Abschluss der Sichel bildet der Bart, der gleich mitmodelliert wird.
Hände und Kopf werden anschließend mit Metallicgold grundiert.
Nähen Sie das Unterkleid gemäß Anleitung (S. 23) aus schwarzem Taft.
Für das Oberkleid des Mondes benötigen Sie folgende Vierecktücher:
Für die Ärmel schneiden Sie zwei Vierecktücher (30 × 30 cm) aus nachtblauem Taft zu, die Sie an dem Unterkleid (siehe S. 27) festnähen. Unter das rechte Handgelenk heften Sie 3 Tücher (10 × 10 cm) aus schwarzgoldenem Tüll.

Für den Rücken:
- 1 × nachtblauer Taft, 60 × 60 cm
- 1 × nachtblauer Taft, 35 × 35 cm
- 1 × schwarzer Taft, 55 × 55 cm
- 1 × schwarzer Taft, 35 × 35 cm
- 1 × schwarzer Taft, 30 × 30 cm
- 1 × schwarzer Tüll, 35 × 35 cm
- 1 × goldfarbener Tüll, 35 × 35 cm

Für das Vorderteil:
- 1 × Goldlurex, 45 × 45 cm
- 1 × Goldlamé, 40 × 40 cm
- 1 × nachtblauer Taft, 45 × 45 cm
- 1 × nachtblauer Taft, 25 × 25 cm
- 1 × schwarzer Taft, 30 × 30 cm
- 1 × schwarzer Taft, 15 × 15 cm

Diese Tücher nähen Sie gemäß Zeichnung 13 fest. Auch hier wäre zu empfehlen, die Tücher vorerst mit Stecknadeln zu fixieren und erst, nachdem diese dekoriert wurden, anzunähen.

Halskrause
- 3 × Goldlurex, 15 × 15 cm
- 1 × Goldlurex, 10 × 10 cm
- 1 × schwarzer Tüll, 15 × 15 cm
- 5 × Goldtüll, 15 × 15 cm

Diese Tücher werden zusammengefasst und links angenäht.

- 2 × blauer Taft, 10 × 10 cm
- 1 × Goldlamé, 10 × 10 cm
- 1 × schwarzer Tüll, 15 × 15 cm
- 3 × schwarzer Tüll, 10 × 10 cm

Diese Tücher werden zusammengefasst und vorne angenäht.

- ◆ 1 × Goldlamé,
  10 × 10 cm
- ◆ 1 × goldfarbener
  Lurex, 15 × 15 cm
- ◆ 1 × schwarzgoldener
  Tüll, 25 × 25 cm

Diese Tücher werden zusammengefasst und mittig rechts angenäht.

Kragen

Für den Kragen benötigen Sie schwarzen Taft in der Größe 20 × 40 cm. Den Kragen fertigen Sie gemäß Vorlagebogen und nähen ihn über der Halskrause am Rücken und an der Kopfaufhängung fest.

Unter dem Kragen drapieren Sie schwarzen Tüll (40 × 40 cm), raffen ihn hoch zum Kopf und befestigen ihn so, dass die Kopfaufhängung verdeckt wird.

Schmuck

An einem mittleren Tuchzipfel am Vorderteil und im Rücken befestigen Sie ein paar moderne Ohrringe.

Sonne

Für die Sonne modellieren Sie einen Frauenkopf, dessen Hinterkopf ziemlich flach gestaltet ist.
Die Strahlen werden sofort seitlich anmodelliert und ersetzen Haare bzw. Kopfbedeckung. Hände und Kopf werden anschließend mit Metallicgold grundiert.
Das Unterkleid wird aus schwarzem Taft (siehe S. 23) genäht.
Für die Gestaltung der Ärmel benötigen Sie zwei Vierecktücher in der Größe 40 × 40 cm. Diese werden, wie auf Zeichnung 13 zu sehen, angenäht. Unter der linken Hand befestigen Sie noch schwarzen Tüll (15 × 15 cm).

Viereektücher für den Rücken:
+ 1 × weißer Taft, 55 × 55 cm
+ 1 × gelber Taft, 45 × 45 cm
+ 1 × schwarzer Taft, 55 × 55 cm
+ 1 × schwarzer Taft, 45 × 45 cm
+ 1 × schwarzer Taft, 20 × 20 cm

Viereektücher für das Vorderteil:
+ 1 × gelber Taft, 55 × 55 cm
+ 1 × weißer Taft, 35 × 35 cm
+ 1 × weißer Taft, 15 × 15 cm
+ 1 × schwarzer Taft, 20 × 20 cm
+ 1 × Goldlurex, 50 × 50 cm
+ 1 × schwarzer Taft, 40 × 40 cm
+ 1 × schwarzer Taft, 30 × 30 cm
+ 1 × schwarzer Tüll, 30 × 30 cm

Diese Tücher nähen Sie am Unterkleid an. Orientieren Sie sich hierfür sowohl an der Zeichnung 13 als auch an dem Foto. Es ist zu empfehlen, die Tücher vorerst mit Stecknadeln zu befestigen und erst, nachdem alle Tücher dekoriert sind, sie festzunähen.

Folgende Tücher werden an der linken Schulter zipflig festgenäht:
+ 1 × weißer Taft, 15 × 15 cm
+ 1 × goldfarbener Taft, 15 × 15 cm
+ 1 × schwarzer Taft, 15 × 15 cm
+ 1 × goldfarbener Dekostoff, 15 × 15 cm

Folgende Tücher werden an der rechten Schulter zipflig festgenäht:
+ 1 × schwarzer Tüll, 10 × 10 cm
+ 1 × schwarzer Taft, 10 × 10 cm
+ 1 × goldfarbener Dekostoff, 20 × 20 cm
+ 1 × goldfarbener Dekostoff, 15 × 15 cm

Halskrause
+ 2 × goldfarbener Tüll, 20 × 20 cm
+ 5 × schwarzer Taft, 15 × 15 cm
+ 2 × weißer Taft, 15 × 15 cm
+ 1 × gelber Taft, 10 × 10 cm
Diese Tücher werden rund um den Halsausschnitt festgenäht.

Kragen
Für den Kragen benötigen Sie schwarzen Taft (20 × 60 cm).

Den Kragen fertigen Sie, wie auf dem Vorlagebogen angegeben, und nähen ihn über der Halskrause am Rücken fest.

Schneiden Sie zwei Streifen goldfarbenen Tüll (20 × 40 cm) strahlenförmig zu und befestigen Sie ihn auf der Vorder- und Rückseite des Kragens.

Im Rücken unterhalb des halbrunden schwarzen Kragens drapieren Sie folgende Stoffe:

- 1 × schwarzgoldener Tüll, 30 × 30 cm
- 1 × schwarzer Tüll, 20 × 20 cm
- 1 × goldfarbener Tüll, 15 × 30 cm

Diese Tücher schneiden Sie strahlenförmig zu und kräuseln sie an der Längskante

Legen Sie sie stufig übereinander und fassen Sie sie beim Annähen am Rücken zusammen. Die „Strahlen" sollen etwas vom Puppenkörper abstehen.

Schmuck

Auf die Stirn der Sonne kleben Sie zum Schluss ein passendes Schmuckstück. An einem Tuchzipfel am Vorderteil und im Rücken stecken Sie Ohrringe fest. Die Armgelenke schmücken große, goldene Creolen.

Zauberer

Der geheimnisvolle Zauberer hat das typische Gesicht eines alten Mannes mit markanter Nase, Augensäcken und Stirnfalten. Hände und Gesicht werden bei diesem Modell mit goldener Farbe grundiert. Nähen Sie das Unterkleid (s. Anleitung S. 23) aus weinrotem Lurex. Für das Oberkleid benötigen Sie folgende Stoffe:

- 1× goldfarbener Pannesamt, 50×50 cm, an der linken Schulter festnähen
- 3× goldfarbener Pannesamt, 25×25 cm
- 1× roter Pannesamt, 45×45 cm, vorne an der Mitte des Körpers festnähen
- 1× roter Pannesamt, 35×35 cm
- 2× roter Pannesamt, 30×30 cm
- 1× blauer Pannesamt, 50×50 cm, vorne an der Mitte des Körpers festnähen
- 1× blauer Pannesamt, 45×45 cm
- 1× blauer Pannesamt, 30×30 cm
- 1× blauer Pannesamt, 25×25 cm

Nähen Sie die Tücher wie angegeben an, die kleineren Tücher werden in der farblichen Reihenfolge Gold – Rot – Blau an der Unterkante des Unterkleides festgenäht; die Tücher sollten nach unten abgestuft zipflig hängen.

Umhang

Den bunten Umhang schneiden Sie maßstabsgerecht nach der Zeichnung auf dem Vorlagebogen zuzüglich Nahtzugabe zu, säumen alle Schnittkanten und hängen ihn um die Schulter des Zauberers. Dabei ziehen Sie die Nylonfäden für die Schulteraufhängung an der markierten Stelle durch den Stoff. Nähen Sie den Umhang anschließend im Rücken und an den Handgelenken fest.

Kragen

Schneiden Sie schwarzgoldenen Tüll (20 × 60 cm) 2 × zu und hängen Sie ihn links und rechts über die Schulter der Marionette.

Im Rücken nähen Sie die oberen Zipfel am Mantel fest, an die unteren Zipfel nähen Sie kleine Dekosterne und lassen den Tüll aushängen. Die vorderen Enden verknoten Sie in regelmäßigen Abständen, wie auch auf dem Foto zu sehen ist.

Nun nehmen Sie goldenen Tüll in der Größe 30 × 30 cm, falten ihn, kräuseln das doppelte Teil an der Schnittkante, legen es um den Hals des Zauberers und nähen es fest, indem Sie es auch vorne am Halsausschnitt zusammenziehen.

Im Rücken, in der Mitte des Stoffteils, befestigen Sie an der Unterkante einen lan-

gen Ohrstecker. Direkt in der Mitte am rückwärtigen Halsausschnitt nähen Sie noch 3 kleine schwarzgoldene Tücher in der Größe 10 × 10 cm fest (siehe Zeichnung auf Vorlagebogen).

Perücke

Für Perücke, Bart und Augenbrauen verwenden Sie einen Zwergenbart aus dem Faschingfundus. Formen Sie zwei kleine Büschel Haare und kleben Sie diese über den Augen fest.

Für die Haare kleben Sie einen ca. 10 × 25 cm breiten Streifen des Zwergenbartes von Ohr zu Ohr am Kopf fest.

Der Bart des Zauberers besteht aus zwei Teilen (siehe Vorlagebogen). Den Unterbart kleben Sie unter den Lippen fest, den Oberbart zwischen Nase und Mund. Die Enden kämmen Sie jeweils spitz aus.

Hut

Die Teile für den Hut schneiden Sie gemäß der Anleitung auf dem Vorlagebogen zu. Zuerst arbeiten Sie die Hutspitze.

Für den Hutrand rollen Sie einen Schaumstoffstreifen (25 × 12 cm), heften ihn zu einem Ring zusammen und überziehen ihn mit blauem Pannesamt. Zuletzt kleben Sie die Hutspitze in den Hutrand. Über den Hut verteilt nähen Sie anschließend kleine Dekosternchen an.

Kleben Sie den Hut am Kopf fest, wobei die Fäden der Kopfaufhängung durch den Hut geführt werden müssen. Eine sehr schöne Wirkung erzielen Sie auch, wenn Sie weitere Dekosternchen an den Enden des Mantels oder an die Zipfel der Tücher nähen.

Legen Sie in die linke Hand des Zauberers ein dickes Zauberbuch, das mit einer dekorativen Schnur mit Quaste an der Hand festgebunden wird.

ISBN 3-8241-0849-6
Broschur, 64 Seiten

ISBN 3-8241-0818-6
Broschur, 64 Seiten

ISBN 3-8241-0846-1
Broschur, 64 Seiten

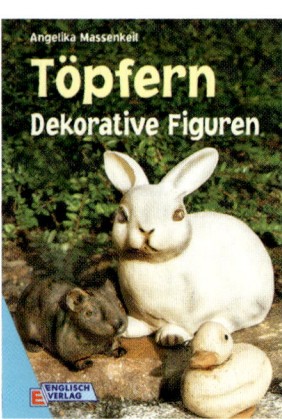

ISBN 3-8241-0894-1
Broschur, 64 Seiten

ISBN 3-8241-0650-7
Broschur, 32 S., Vorlageb.

Lust auf Mehr?

Liebe Leserin, lieber Leser,
natürlich haben wir noch viele andere Bücher im Programm.
Gerne senden wir Ihnen unser Gesamtverzeichnis zu.
Auch auf Ihre Anregungen und Vorschläge sind wir gespannt.
Rufen Sie uns einfach an oder schreiben Sie uns.

Englisch Verlag GmbH
Postfach 2309 · 65013 Wiesbaden
Telefon 0611/9 42 72-0 · Telefax 0611/9 42 72 30
E-Mail info@englisch-verlag.de
Internet http://www.englisch-verlag.de